KB114522

물어보기 부끄러워 묻지 못한
부동산 경매

물어보기 부끄러워 묻지 못한
부동산 경매

초판 1쇄 인쇄 2023년 12월 15일
초판 1쇄 발행 2023년 12월 22일

지은이 주희진
펴낸이 이종두
펴낸곳 (주)새로운 제안

책임편집 엄진영
디자인 보통스튜디오
영업 문성빈, 김남권, 조용훈
경영지원 이정민, 김효선

주소 경기도 부천시 조마루로385번길 122 삼보테크노타워 2002호
홈페이지 www.jean.co.kr
쇼핑몰 www.baek2.kr(백두도서쇼핑몰)
SNS 인스타그램(@newjeanbook), 페이스북(@srwjean)
이메일 newjeanbook@naver.com
전화 032) 719-8041
팩스 032) 719-8042
등록 2005년 12월 22일 제386-3010000251002005000320호

ISBN 978-89-5533-646-7 03320

10년 경력의 전문 변호사가 차근차근 알려주는
부동산 경매 접근 방법과 법원 경매 용어 A to Z

물어보기 부끄러워 묻지 못한

부동산 경매

주희진 지음

새로운 제안

10년 가까이 경매 사건을 다뤘습니다. 부동산 경매는 법원이 진행하는 '법률절차'입니다. 당연히 법률용어가 쓰이죠. 어떤 사람은 어려운 법률용어 그런 거 하나도 몰라도 돈 버는 데 아무 문제 없다고 과감히 말합니다. 네, 당장은 그럴 수 있죠. 하지만 변호사 생활을 하면서 이런 분 말만 믿고 그야말로 '사고'가 나서 저를 찾아온 분들을 숱하게 만났습니다. 모르면 용감합니다. 용기에 따른 실행은 부를 가져다주지만, 무지에 따른 용감은 예상치 못한 크거나 작은 손해를 가져다줍니다.

경매에 관심이 생겨 기본 강의를 듣기는 했지만, 경매에서 마주치는 낯선 용어가 두려운 분들, 특수물건을 바로 낙찰받기에는 지식이 더 필요한 분들을 위해 '특수물건이론'과 '경매 심화' 과정을 5년간 강의했습니다. 이 책은 저의 10년 가까운 변호사 생활과 5년간의 강사 생활을 정리하는 의미로 쓰기 시작했습니다. 경매를 처음 접하는 독자들을 위해 경매 절차 전반과 경매 사건에서 접하는 법률용어들을 최대한 알기 쉽게 정리했습니다.

부동산 경매에 쓰이는 부동산 법률 용어는 전체 법률용어에 비추면 별로 많지도 않습니다. 살면서 부동산 계약은 무조건 한 번쯤 하게 되는데, 경매에 쓰이는 부동산 법률용어는 사는 동안 알아야 할 최소한의 부동산 법률 지식이기도 합니다.

고수들의 영역이라 알려진 특수물건에 대해서도 기본 개념과 성공사례를 간략히 소개해 두었는데요. '특수'라는 이름에 어려울 거란 선입견을 품을 필요는 없습니다. 모두 알아두면 도움이 될 부동산 법률 지식입니다.

이 책을 쓸 수 있었던 건, 10년 가까이 법무법인 열린에서 경매와 부동산 사건을 집중적으로 다루었기 때문입니다. 아무것도 모르던 신입 변호사를 오랜 세월 한 직장에서 일하고, 성장할 수 있게 해주신 법무법인 열린의 정충진 대표변호사님께 깊은 감사의 인사를 전합니다.

육아와 업무를 병행할 수 있도록 아낌없이 지원해주신 부모님과 시댁 부모님, 늘 긍정적인 말로 힘을 돋워주는 남편, 존재만으로도 한없는 행복인 아들에게도 고맙다고 말하고 싶습니다.

이 책을 통해 독자 여러분께서 평생 가져갈 수 있는 경매 기초 지식과 부동산 법률 지식을 얻으시고, 특수물건이라는 신세계도 맛보시길 바랍니다.

2023. 11.

주희진 변호사 드림

목차

법원경매 절차
A to Z

보증금이 관건인
임차인이 있는 부동산

유치권, 선순위 가등기, 공유지분, 법정지상권

경매는 집주인이 돈을 갚지 않아, 집주인의 빚쟁이가 신청해 시작되는 부동산을 돈으로 바꾸기 위한 법률 절차다. 법에서 정한 순서대로 법원경매는 흘러간다. 경매로 부동산을 매수하고 싶은 사람은 어디를 가야 경매로 나온 부동산을 볼 수 있는지, 경매 나온 부동산이 문제없이 깨끗한 부동산인지 알기 위한 방법과 마음에 드는 부동산을 낙찰 받기 위한 입찰가 쓰기 전략, 마지막으로 낙찰 받은 부동산을 어떻게 인도 받아야 하는지 살펴본다.

PART 1

법원경매 절차
A to Z

chapter 1

경매,
어떻게
시작할까?

경매,
공부가 필요한 이유

부동산을 사려면 보통은 공인중개사를 찾아간다. 매물을 공인중개사들이 들고 있기 때문이다. 법원경매는 법원이 매물을 들고 있다. 공인중개사는 중개수수료를 받지만, 법원경매는 낙찰자한테 수수료를 받지 않는다.

법원경매에서는 원하는 부동산을 일반 매매가는 물론, 급매 가격보다도 적당히 낮은 가격에 살 수 있다. 법률적 하자가 있어 사용하거나 제값을 받기 위해 하자를 고쳐야 하는 물건을 싸게 낙찰받아 문제를 해결하여 되팔면 엄청난 수익이 따라오기도 한다.

다만, 일반 매매는 공인중개사들이 부동산에 관해 설명해 주는 데, 법원경매는 아니다. 법원이 나눠주는 몇 가지 서류에서 부동산 상태를 말해주지만, 읽을 줄 모르는 사람에게는 흰 것은 종이요, 까만 건 글씨다. 모두 법률용어로 기재되어 있기 때문이다.

멀쩡한 물건을 한 푼이라도 싸게 사 이득을 남기려면 그만한 대가가 필요하다. '공부'다. 머리 복잡한 법률용어, 하나도 몰라도 경매로 부동산을 사는 데 아무 문제가 없다고 말하는 사람도 있다. 근 10년간 여러 사고를 다뤄본 필자로서는 추천하지 않는다. 적어도 입찰하지 않아야 하는 물건은 피할 수 있을 정도의 공부는 해야 한다.

2

법원 경매 절차의
흐름

| 1단계 경매에 나온 부동산 검색, 부동산 가치 및 권리분석 |

| 2단계 부동산 둘러보기(임장) |

| 3단계 입찰 및 낙찰, 낙찰대금 납부 |

| 4단계 점유자 내보내기 및 소유권 등기 |

① 1단계 : 경매에 나온 부동산 검색, 부동산 가치 및 권리분석

경매에 나온 부동산이 무엇이 있는지, 그중에 내가 사고 싶은 부동산이 있는지 확인한다. 경매에 나온 부동산의 가치를 조사하고, 법원에서 제공하는 서류를 확인해 얼마에 주고 살 것인지 결정한다.

② 2단계 : 부동산 둘러보기(임장)

부동산 가치를 인터넷 검색을 통해 어느 정도 파악했다 하더라도, 내가 사려고 하는 부동산에 반드시 직접 가봐야 한다. 부동산 주변환경을 직접 둘러보고 인터넷이나 서류로는 알 수 없었던 문제가 없는지 확인한다.

③ 3단계 : 입찰 및 낙찰, 낙찰대금 납부

법원에 가서 내가 원하는 부동산을 사겠다고 알리는 입찰행위를 한다. 입찰 후보자 중 한 사람을 정해 법원은 부동산을 팔기로 정한다. 흔히 '낙찰' 받았다고 표현한다. 낙찰 받은 사람은 법원이 정한 날까지 낙찰대금을 납부해야 한다.

④ 4단계 : 점유자 내보내기 및 소유권 등기

대금을 모두 내면 부동산은 내 것이 된다. 내 소유의 부동산에 살고 있는 사람을 내보낼 수 있다. 협의하거나 법원의 힘을 빌려 강제로 점유자를 내보는 절차를 밟는다. 그와 동시에 전 소유자 명의로 되어 있던 부동산 등기를 낙찰자 명의로 할 수 있다. 이를 두고 '소유권 이전 등기'한다고 말한다.

언제, 어디서 경매하는지 찾기

누구나 볼 수 있는 대법원 경매정보 사이트

경매로 부동산을 사려면 법원에 가서 '입찰'을 해야 한다. 법원에 내가 살 가격을 알리면서 특정 부동산을 사겠다고 의사를 표시하는 것을 '입찰'한다고 표현한다. 다만, 아무 때나 법원에 가서 사겠다고 할 수는 없다. 법원이 정한 날에 직접 경매법정에 가서 의사를 알려야 한다.

어떤 부동산이 경매에 나왔는지는 대법원 경매정보사이트http://www.courtauction.go.kr에 가보면 검색할 수 있다. 회원가입 없이도 입찰에 필요한 웬만한 정보는 모두 볼 수 있다.

그림 1 대법원 경매정보 사이트

① **지도검색** : 관심 지역에 어떤 부동산이 경매에 나왔는지 검색
해볼 수 있다. 지도화면이 잘 보이지 않을 때도 있는데, 홈페이지
상단의 '이용 안내-FAQ' 코너에 해결 방법이 있다. 홈페이지에
나와 있는 대표번호로 전화해도 해결해 준다.

② **경매사건검색** : 관심이 생긴 부동산의 법원과 사건번호를 기
입해 검색할 수 있다. 사건내역, 기일내역, 문건/송달내역을 확인
할 수 있다. 사건내역에서는 현황조사서, 감정평가서, 매각물건

명세서 열람이 가능하고, 기일내역에서 매각기일 날짜와 시간 및 장소를 확인할 수 있다.

원하는 부동산을 '지도'로 간편 검색

대법원 경매 정보 사이트 첫 화면의 '지도 검색' 배너를 누르면, 관심 있는 지역에 어떤 경매물건이 나왔는지 확인할 수 있다.

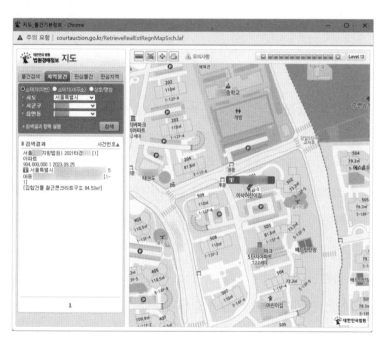

그림 2 지도 검색 화면

물건상세검색이나 지도검색으로는 법원에서 매각공고된 물건들만 주로 노출되어, 법원이 부동산을 팔기로 정한 날이 얼마 남지 않은 부동산 위주로 검색된다.

지지옥션, 굿옥션 등 각종 경매정보 사이트는 대법원 경매정보 사이트에서 제공하는 정보를 기본으로 자신들만의 다양한 분석 자료를 제공한다. 위 사이트들도 모두 '지도 검색'을 제공하고, 살 수 있는 날이 한참 남은 부동산도 나온다. 유료 사이트긴 하지만, 검색이 편하고 부동산 가치나 권리분석에 도움을 준다. 회원가입을 해두고 대법원 경매 정보 사이트와 비교하며 보는 것이 좋다.

경매
참여할 수 있는 날

① 사건번호

특정 부동산에 관심이 생겼다면, '타경'이 들어가는 경매 사건번호예; 2023 타경12345를 잘 기재해두고, '경매사건검색'으로 검색하여 기일내역을 파악하자. 특정 사건번호의 '매각기일'을 확인할 수 있는데, 매각기일은 법원이 정한 '부동산 파는 날'이다.

② 법원

법원은 본원이 있고 지원이 있으니, 내가 갈 법원이 어느 법원의 '지원'에 해당하는지도 잘 살펴봐야 한다. 보통 경매법정은 눈에 띄는 곳에 있지만 미로같이 복잡한 곳에 있기도 하니 미리 법원에 가보기를 권한다.

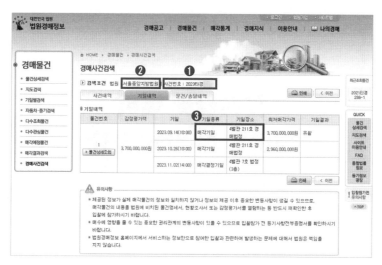

그림 3 경매 사건 검색

③ 매각기일· 기일장소

매각기일과 함께 입찰 시각과 법정 호수도 기재되어 있다. 입찰 시각에 맞춰 경매법정에 가서 법원 공무원집행관으로부터 입찰봉투를 받아 기일 입찰표와 입찰보증금을 내야 경매에 참여할 수 있다. 매각기일은 당일에 변경되거나 연기되는 때도 많다. 입찰하려는 부동산이 있다면 전날이나 당일 아침 매각기일에 변동이 없는지 대법원 경매정보 사이트에서 확인하기를 권한다. 본인이 직접 입찰한다면 신분증과 도장이 있어야 하고, 입찰하려는 부동산의 '입찰보증금'도 마련해 가야 한다.

4

입찰표를 내야
참여할 수 있는 경매

기일 입찰표 내기　　사건 검색을 통해 마음에 드는 매물을 찾았으면 법원이 정한 부동산 파는 날매각기일에 직접 경매법정에 가서 부동산을 사겠다는 의사를 표시해야 한다. '기일 입찰표'와 '입찰 보증금'을 내면서 말이다.

경매법정에 가면 투표하는 곳처럼 기일 입찰표 기재대가 마련되어 있다. 법원공무원집행관으로부터 기일 입찰표, 입찰보증금 봉투, 입찰 봉투를 받아 기재대에 들어가 기일 입찰표를 작성한다.

(앞면)

기 일 입 찰 표

지방법원 집행관 귀하   입찰기일 :   년   월   일

사건 번호		타 경 호		물건 번호	※물건번호가 여러개 있는 경우에는 꼭 기재	
입 찰 자	본인	성 명	㉑	전화 번호		
		주민(사업자) 등록번호		법인등록 번 호		
		주 소				
	대리인	성 명	㉑	본인과의 관 계		
		주민등록 번 호		전화번호	-	
		주 소				

입찰 가격	천 억	백 억	십 억	천 만	백 만	십 만	만	천	백	십	일	원	보증 금액	백 억	십 억	천 억	천 만	백 만	십 만	만	천	백	십	일	원

보증의 제공방법	□ 현금·자기앞수표 □ 보증서	보증을 반환 받았습니다. 입찰자 ㉑

주의사항.
1. 입찰표는 물건마다 별도의 용지를 사용하십시오. 다만, 일괄입찰시에는 1매의 용지를 사용하십시오.
2. 한 사건에서 입찰물건이 여러 있고 그 물건들이 개별적으로 입찰에 부쳐진 경우에는 사건번호외에 물건번호를 기재하십시오.
3. 입찰자가 법인인 경우에는 본인의 성명란에 법인의 명칭과 대표자의 지위 및 성명을, 주민등록란에는 입찰자가 개인인 경우에는 주민등록번호를, 법인인 경우에는 사업자등록번호를 기재하고, 대표자의 자격을 증명하는 서면(법인의 등기사항증명서)을 제출하여야 합니다.
4. 주소는 주민등록상의 주소를, 법인은 등기부상의 본점소재지를 기재하시고, 신분확인상 필요하오니 주민등록증을 꼭 지참하십시오.
5. **입찰가격은 수정할 수 없으므로, 수정을 요하는 때에는 새 용지를 사용하십시오.**
6. 대리인이 입찰하는 때에는 입찰자란에 본인과 대리인의 인적사항 및 본인과의 관계 등을 모두 기재하는 외에 본인의 위임장(입찰표 뒷면을 사용)과 인감증명을 제출하십시오.
7. 위임장, 인감증명 및 자격증명서는 이 입찰표에 첨부하십시오.
8. 일단 제출된 입찰표는 취소, 변경이나 교환이 불가능합니다.
9. 공동으로 입찰하는 경우에는 공동입찰신고서를 입찰표와 함께 제출하되, 입찰표의 본인란에는"별첨 공동입찰자목록 기재와 같음"이라고 기재한 다음, 입찰표와 공동입찰신고서 사이에는 공동입찰자 전원이 간인 하십시오.
10. 입찰자 본인 또는 대리인 누구나 보증을 반환 받을 수 있습니다.
11. 보증의 제공방법(현금·자기앞수표 또는 보증서)중 하나를 선택하여 ☑표를 기재하십시오.

그림 4 기일 입찰표 양식

사건번호와 입찰자의 성명, 전화번호, 주민등록번호와 주소를 기재해야 한다. 하나의 사건번호로 여러 부동산이 한꺼번에 나오는 일도 있는데, '타경' 사건번호 뒤에 [1], [2]와 같이 물건번호가 붙는다. 이때는 물건번호도 기재해야 한다. 입찰가격과 보증 금액을 쓰는 칸도 있다. 입찰가격은 내가 사려는 가격이고, 보증 금액은 법원이 정한 최저매각가격의 10%^{재매각 시 최저매각금액의 20%} 이다.

입찰 봉투에 기일 입찰표와 입찰보증금 봉투를 넣은 뒤 주민등록증을 집행관에게 제출하여 본인 확인을 받는다. 집행관으로부터 입찰 봉투의 일부인 '수취증'을 떼어내 받고 입찰 봉투는 입찰함에 넣는다. 입찰에서 떨어지면 나중에 수취증을 주면서 보증금을 반환받는다.

입찰표 작성 시 주의 사항

입찰가격과 보증 금액은 잘 구분해서 써야 한다. 최근에도 이 둘을 뒤집어 작성한 의뢰인을 만났다. 제대로만 썼다면 낙찰이었는데, 이를 뒤집어썼으니 당연히 떨어졌다. 입찰가격이나 보증금의 액수도 정확히 기재해야 하는데, 특히 '0'을 하나 덜 붙이거나 더 붙이는 실수를 주의해야 한다.

대법원 경매정보 사이트https://www.courtauction.go.kr/ - [경매지식]-[경매 서식] 코너에 가면 양식이 제공되니, 미리 연습하고 입찰하는 것이 좋다.

그림 5 기일입찰표 양식 다운로드

입찰표에
잘못 기재하면?

입찰표를 잘못 작성하면 입찰표를 냈어도 탈락이다. 금액 기재에 실수가 발생하면 어쩔 수 없이 입찰보증금을 날려버려야 하는 상황을 맞이할 수도 있다.

심심치 않게 보는 사례가 입찰가격이나 보증 금액에 '0'을 하나 더 붙여 쓰는 일이다. 얼마 전에도 7억짜리 아파트 입찰가를 70억으로 기재하여 최고가매수신고인이 된 사례를 본 적이 있다. 일단 최고가매수신고인으로 불리면 자기가 사겠다고 한 금액을 꼼짝없이 다 내야 한다. 이런 경우라면 10배의 가격을 주고 부동산을 살 수는 없으니 이미 제출한 입찰보증금을 포기하고 빠져나오는 방법밖에 없다.

그 밖에도 입찰표의 유·무효를 정한 처리기준이 있으니 참고하면 좋다. 이 책을 보는 여러분도 처리기준을 한 번 살펴보고, 뜻하지 않게 개찰에서 제외되는 상황을 맞이하지 않길 바란다.

번호	흠결사항	처리기준
1	입찰기일을 적지 아니하거나 잘못 적은 경우	입찰봉투의 기재에 의하여 그 매각기일의 것임을 특정할 수 있으면 개찰에 포함시킨다.
2	사건번호를 적지 아니한 경우	입찰봉투, 매수신청보증봉투, 위임장 등 첨부서류의 기재에 의하여 사건번호를 특정할 수 있으면 개찰에 포함시킨다.
3	매각물건이 여러 개인데, 물건번호를 적지 아니한 경우	개찰에서 제외한다. 다만, 물건의 지번·건물의 호수 등을 적거나 입찰봉투에 기재가 있어 매수신청 목적물을 특정할 수 있으면 개찰에 포함시킨다.
4	입찰자 본인 또는 대리인의 이름을 적지 아니한 경우	개찰에서 제외한다. 다만, 고무인·인장 등이 선명하여 용이하게 판독할 수 있거나, 대리인의 이름만 기재되어 있으나 위임장·인감증명서에 본인의 기재가 있는 경우에는 개찰에 포함시킨다.
5	입찰자 본인과 대리인의 주소·이름이 함께 적혀 있지만(이름 아래 날인이 있는 경우 포함) 위임장이 붙어 있지 아니한 경우	개찰에서 제외한다.
6	입찰자 본인의 주소·이름이 적혀 있고 위임장이 붙어 있지만, 대리인의 주소·이름이 적혀 있지 않은 경우	개찰에서 제외한다.
7	위임장이 붙어 있고 대리인의 주소·이름이 적혀 있으나 입찰자 본인의 주소·이름이 적혀 있지 아니한 경우	개찰에서 제외한다.

번호	흠결사항	처리기준
8	한 사건에서 동일인이 입찰자 본인인 동시에 다른 사람의 대리인이거나, 동일인이 2인 이상의 대리인을 겸하는 경우	쌍방의 입찰을 개찰에서 제외한다.
9	입찰자 본인 또는 대리인의 주소나 이름이 위임장 기재와 다른 경우	이름이 다른 경우에는 개찰에서 제외한다. 다만, 이름이 같고 주소만 다른 경우에는 개찰에 포함시킨다.
10	입찰자가 법인인 경우 대표자의 이름을 적지 아니한 경우(날인만 있는 경우도 포함)	개찰에서 제외한다. 다만, 법인등기사항증명서로 그 자리에서 자격을 확인할 수 있거나, 고무인·인장 등이 선명하며 용이하게 판독할 수 있는 경우에는 개찰에 포함시킨다.
11	입찰자 본인 또는 대리인의 이름 다음에 날인이 없는 경우	개찰에 포함시킨다.
12	입찰가격의 기재를 정정한 경우	정정인 날인 여부를 불문하고, 개찰에서 제외한다.
13	입찰가격의 기재가 불명확한 경우 (예, 5와 8, 7과 9, 0과 6 등)	개찰에서 제외한다.
14	보증금액의 기재가 없거나 그 기재된 보증금액이 매수신청보증과 다른 경우	매수신청보증봉투 또는 보증서에 의해 정하여진 매수신청보증 이상의 보증제공이 확인되는 경우에는 개찰에 포함시킨다.
15	보증금액을 정정하고 정정인이 없는 경우	매수신청보증봉투 또는 보증서에 의해 정하여진 매수신청보증 이상의 보증제공이 확인되는 경우에는 개찰에 포함시킨다.
16	하나의 물건에 대하여 같은 사람이 여러 장의 입찰표 또는 입찰봉투를 제출한 경우	입찰표 모두를 개찰에서 제외한다.
17	보증의 제공방법에 관한 기재가 없거나 기간입찰표를 작성·제출한 경우	개찰에 포함시킨다.

번호	흠결사항	처리기준
18	위임장은 붙어 있으나 위임장이 사문서로서 인감증명서가 붙어 있지 아니한 경우, 위임장과 인감증명서의 인영(도장을 찍은 형적)이 다른 경우	개찰에서 제외한다. 다만, 변호사 · 법무사가 임의대리인으로 입찰하는 경우 인감증명서가 붙어 있지 않더라도 개찰에 포함시킨다.

표 1 기일입찰표의 유·무효 처리기준

입찰표와 함께 내야 하는 입찰보증금

입찰보증금이란?

입찰보증금은 입찰표와 함께 입찰 봉투에 넣어 법원에 제출해야 한다. 정확한 금액을 내야 입찰도 유효하다. 입찰보증금은 부동산 매매계약이나 임대차계약에서 보통 대금의 10분의 1로 정해지는 '계약금'과 비슷한 것으로 보면 된다.

부동산 매매계약상 계약금은 계약당사자들이 계약을 끝까지 잘 지키도록 '구속'하는 돈이다. 계약금만 주고받은 상태에서 계약을 없던 것으로 하고 싶을 땐 어떻게 해야 할까? 부동산을 파는 사람매도인은 계약금의 2배를 부동산을 사기로 한 사람매수인에 주면서, 매수인은 이미 지급한 계약금을 포기하면서 계약을 없던 일로 돌릴 수 있다. 부동산 경매에서 매각허가결정을 받은 낙찰자는 매매계약으로 치면 '매수인'이다. 낙찰 대금을 모두 내봤자 손해만 날 것 같아 매수인의 지위에서 빠져나오고 싶다면 입찰보증금을 포기해야 한다.

입찰보증금은 누가 정하고, 어디서 확인하나?

입찰보증금매수신청 보증금은 최저매각가격의 10분의 1로 보통 정해진다. 자신이 정한 '입찰가'의 10%가 아니니 주의하자.

최저매각가격은 법원이 부동산을 팔기로 정한, 이번 매각기일에 적어도 이 금액 이상은 돼야 부동산을 팔겠다고 정한 가격이다. 입찰가격을 최저매각가격보다 낮게 써서는 안 된다. 참여하려는 매각기일이 몇 회 매각기일인지, 매각기일 회차별 최저매각가격이 얼마인지 당연히 신경 써서 봐야 한다.

대법원 경매 정보 사이트에 올라오는 매각공고를 통해 감정평가액과 최저매각가격 및 입찰보증금매수신청의 보증금액을 확인할 수 있다. 매각공고는 매각기일 2주일 전에 대법원 경매 정보 사이트에 올라온다.

물건내역

물건번호	1	▶ 물건상세조회 ▶ 매각기일공고 ▶ 매각물건명세서	물건용도	아파트	감정평가액 (최저매각가격)	1,130,000,000원 (904,000,000원)
물건비고						
목록1	서울특별시 🖳			목록구분	집합건물	비고 미종국
물건상태	매각준비 -> 매각공고					
기일정보	2023.09.25			최근입찰결과	2022.10.17 유찰	

🖳 : 등기기록 열람

그림 6 매각기일 공고(1)

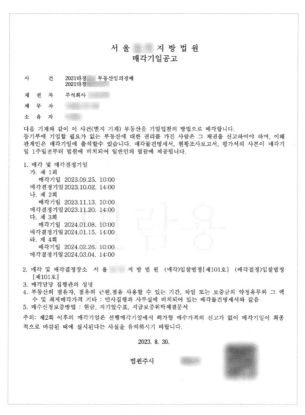

그림 7 매각기일 공고 (2)

그림 8 매각기일 공고(3)-매수신청의 보증금액

　낙찰 받은 사람이 잔금을 내지 않아서, 어쩔 수 없이 다시 매각
기일을 정하는 것을 '재매각'이라고 한다. 재매각 시 최저매각가
격의 20%가 입찰보증금이 되기도 하는데, 이는 매각물건명세서
'비고란'에 적힌다. 유료 경매 정보 사이트에서는 입찰보증금란
을 따로 만들어 정확한 금액을 알려주니 비교하며 확인하는 편이
좋다.

법원이 따로 정할 수는 있지만 보통 1회 매각기일의 최저매각가격은 감정가의 100%로 시작한다. 최저매각가격이 너무 높아 아무도 입찰하지 않으면 '유찰'된다. 유찰되어 매각기일을 다시 정하고 회차가 거듭되면 최저 매각가격은 계속 내려간다. 대체로 20%씩 감소한다.

최저매각가격이 너무 낮아져 경매를 신청한 빚쟁이채권자가 경매를 통해 아무것도 받아 가지 못할 것 같으면, 법원은 경매를 신청한 사람에게 남는 것도 없는, 하나마나한 절차를 진행하지 않겠다며 경매를 취소시킬 수도 있다.

입찰보증금 내는 방법

입찰보증금 액수는 보통 천만 원 단위를 훌쩍 넘고 억 단위인 경우도 있다. 계좌이체 같은 간편한 방법으로 지급하면 좋겠지만 현행법상 금전 또는 자기앞수표 등으로만 보증금을 낼 수 있다. 보통은 입찰 당일 입찰보증 금액에 맞는 수표를 준비한다. 정해진 입찰보증금에서 단돈 20원이 부족하게 지급된 사례도 있었는데, 이 때 법원은 제대로 된 보증금 제공이 아니라고 보았다. 지급해야 할 보증금 액수가 정확히 얼마인지, 지급하는 수표나 현금이 입찰보증금 액수와 일치하는지 두 번 세 번 확인해야 한다.

낙찰가 쓰는
방법

누가
낙찰받나?

최고가매수신고인이 낙찰자가 된다. 최고가最高價로 물건을 사기로 한 사람, 말 그대로 제일 비싸게 사기로 한 사람이다. 매각기일은 부동산을 살 사람들을 법원에 불러 모아, 누가 가장 비싸게 살 건지 정하는 날이다.

일반 매매는 파는 사람과 사기로 한 사람이 매매대금을 흥정해 정한다. 법원경매는 아니다. 가장 비싸게 사겠다고 한 사람이 물건을 살 수 있다. 영화나 드라마에서 보는 미술품 경매는 경매사가 가격을 높여 제시하면 살 사람이 손을 드는 형태로 최후의 1인을 정한다. 법원 부동산 경매에서는 얼마에 살 건지를 '기일 입찰표'에 기재해 낸다. 매각기일 당일 집행관이 모든 입찰표를 확인해 경매법정에서 최고가매수신고인을 직접 호명한다.

'최고가매수신고인'으로 불리면, 소위 말해 "낙찰 받았다!"라고 할 수 있는 것이다. 그러나 최고가매수신고인이 부동산을 낙찰 받아 법률상 내 것으로 만들려면 몇 단계가 더 필요하다.

초보자가 낙찰 받지 못하는 이유

경매는 부동산을 싸게 사 큰 이득을 남기기 위해 시작한다. 싸게 사겠다는 일념으로 터무니없이 낮은 가격을 입찰가로 쓰는 초보자들이 정말 많다. 강의를 하면서 꾸준히 모의 입찰을 진행했는데, 시세보다도 3~40%로 낮은 가격을 쓰는 초보자들이 절반 이상이다. 당연히 낙찰가와는 거리가 멀다.

일단 낙찰을 받아야 수익이든 손해든 생긴다. 싸게 사려는 욕심에 패찰을 거듭하면 경매는 내 체질이 아니라며 떠나게 된다.

실전 낙찰가 쓰는 팁

무조건 사야 하는 물건이라면 아무도 써내지 않을 비싼 가격으로 입찰가를 쓰면 된다. 하지만 경매에 참여한다는 것은 일반 매매보다 싸게 사는데 1차 목표가 있다. 시세보다 싸게 사서 이득을 남겨야 하지만, 또 제일 비싼 가격을 불러 낙찰 받아야 한다. 그 아슬아슬한 가격대의 감각을 얻는 게 쉬운 일은 아니다.

패찰을 거듭한다면 비슷한 물건의 모의 입찰을 해보는 연습이 필요하다. 필자가 지켜본 바로는 서울·수도권 아파트를 기준으로, 보통은 급매 수준보다는 조금 싸게 사는 정도에서 일반 물건의 낙찰가가 결정된다. 터무니없이 싸게 낙찰 받아 이득을 남기는 것은, 하자 없는 멀쩡한 부동산에서 로또 당첨 확률에 가깝다.

관심 있었던 부동산에 대한 입찰가격을 정해보고, 실제 낙찰가와 내 낙찰가가 얼마나 차이 있는지 살펴보자. 패찰의 아픔이 쓰라리다 해서 그냥 흘려보내선 안 된다. 왜 패찰했는지 분석하여 기억해두어야 지나간 시간이 자산으로 쌓인다.

chapter 2

법원이
부동산을 설명
하는 방법

법원 제공 서류

법원은 법에서 정한 부동산 정보를 입찰에 참여하려는 사람들에게 제공해야 한다. 법원 제공 서류에는 ① 현황조사서 ② 감정평가서 ③ 매각물건명세서가 있다.

■ 물건내역								
물건번호	1	▶ 물건상세조회 ▶ 매각기일공고 ▶ 매각물건명세서	물건용도	아파트	감정평가액 (최저매각가격)	1,130,000,000원 (904,000,000원)		
물건비고								
목록1	서울특별시 🖼				목록구분	집합건물	비고	미종국
물건상태	매각준비 → 매각공고							
기일정보	2023.09.25				최근입찰결과	2022.10.17 유찰		
🖼 : 등기기록 열람								

그림 9 경매사건검색 중 물건내역 - 물건상세조회

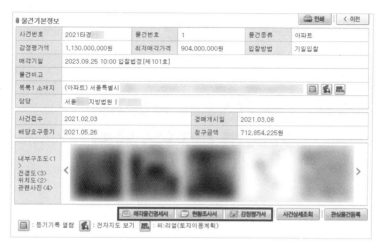

그림 10 물건기본정보

대법원 경매정보 사이트에서 특정 경매 사건에 대해 검색하면 '물건상세조회'가 가능하다. '물건상세조회 버튼'을 클릭하면 부동산의 현황조사서, 감정평가서, 매각물건명세서를 매각기일 일주일 전부터 열람할 수 있다. 매각기일 일주일 전부터 매각기일 당일까지 비치된 세 가지 서류는 반드시 확인해야 한다.

입찰에 참여하려는 모든 응찰자는 위 세 개의 문서를 확인하고, 저마다 발품과 손품을 팔아 입찰가를 결정한다.

누가 살고 있는지
확인한 현황조사서

현황조사서는 집행관이 경매가 시작된 부동산의 현황과 점유 관계를 파악해 기재한다. 조사일시가 기재되고, 직접 만난 사람이 있다면 누구를 만났고 어떤 진술을 들었는지 간단히 기재한다.

주택에 대하여 현황조사를 하는 경우, 집행관은 임대차 관계 확인을 위해 전입 신고된 세대주 전원에 대한 주민등록 등·초본을 발급받아 전입신고가 확인된 사람을 조사서에 남긴다. 집행관은 법률적인 판단을 하지 않는다. 어떤 이유로 사는지 알 수 없는 사람인데 소유자가 아니라면 임차인으로 기재하기도 한다.

부동산 가치를 알려주는 감정평가서

경매가 시작되면 법원은 곧바로 감정인에게 감정평가명령을 내린다. 따라서 감정평가서가 쓰인 시기는 매각기일보다 경매 시작일에 가깝다. 감정평가서에 '기준시점'이 기재되어 있으니, 언제를 기준으로 한 감정가인지 확인해야 한다. 감정가는 부동산 가치를 가늠하는 하나의 자료일 뿐이다. 대개는 입찰 시점과 차이가 있으니 손품이나 임장을 통해 부동산 시세를 따로 확인해야 한다.

부동산 종합 설명자료, 매각물건명세서

매각물건명세서는 경매법원이 현황조사서와 감정평가서가 제출된 후 직권으로 집행기록에 나타난 모든 자료를 토대로 법이 적도록 정한 내용을 담은 문서이다. 매각물건명세서는 부동산을 낙찰 받고 싶은 사람들에게 법원이 팔려는 부동산에 대한 필요 정보를 알려 예측하지 못한 손해를 방지하고, 경매 참여를 독려하기 위해 작성된다.

매각물건명세서를 열람하는 시기와 관련해 주의할 점이 있다. 법원이 정한 특정 회차 매각기일에 아무도 입찰하지 않으면 '유찰'되었다고 표현한다. 법원은 이때 최저매각가격_{법원이 이 금액 이하로는 팔지 않겠다고 정한 금액}을 대체로 20% 정도 낮춰 매각기일을 새로 지정한다. 유찰되어 새 매각기일이 지정되더라도 현황조사서와 감정평가서는 계속 열어볼 수 있다. 그러나 매각물건명세서는 경매 절차 중간에 새롭게 반영해야 할 사항들을 포함해 매 회차 매각기일 일주일 전에 새로 작성된다. 유료 경매정보 사이트에서는 지난 회차 매각물건명세서도 계속 열람해볼 수 있는데, 이때는 놓치지 말고 내가 낙찰받으려는 매각기일 일주일 전에 새로 나온 매각물건명세서를 확인해야 한다.

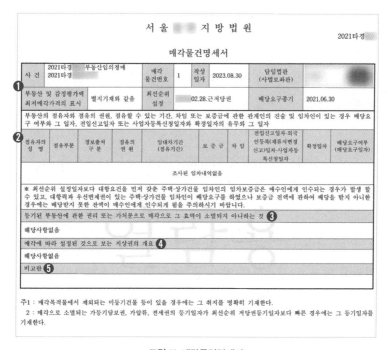

그림 11 매각물건명세서

① 부동산의 표시

어떤 부동산을 파는지 등기사항증명서 표제부에 적힌 정보인 주소와 건물 내역 등을 기재한다. 보통 '별지 기재'로 표시하고, 매각물건명세서 뒤쪽에 쓰여 있다.

② 누가 부동산에 있나, 점유현황

점유자와 관련된 정보는 현황조사보고서 또는 감정평가서 등에 의하여 매각부동산의 부동산의 점유자와 그 점유권원^{임차 또는 전세권 설정 등}, 점유할 수 있는 기간^{임대차기간 등}, 차임^{월세, 집 사용 대가를 뜻한다.} 또는 보증금에 관한 관계인의 진술^{액수, 선급 여부 등}과 임차인이 있는 경우 배당요구 여부와 일자, 전입신고 및 확정일자 존재 여부와 날짜를 기재한다.

'조사된 임차내역이 없음'이라고 기재된 곳은 소유자가 점유하고 있을 가능성이 크다.

매각물건명세서 최선순위 설정 칸의 등기와 비교해, 임차인의 전입신고 또는 점유개시 일자 중 늦은 날이 말소기준권리^{경매절차가 끝나면 말소되는 등기상 권리 중 가장 앞선 권리}보다 앞서는지를 살피면 임차인의 대항력 유무를 확인할 수 있다. 경매법원에서도 대항요건이 최선순위 설정 칸의 등기^{말소기준권리}보다 앞서는 사람이 확인되면, 점유자 칸 바로 아래 따로 '비고'란을 두어 대항력 행사를 주의하라는 표시를 하기도 한다.

③ 경매가 끝나도 지워지지 않는 등기상 권리

등기된 부동산에 대한 권리 또는 가처분으로 경매가 종료돼도 그대로 남아 있는 것이 쓰인다. 낙찰 받아도 등기부에서 지워지지 않고 살아 있어 부동산 가치를 떨어뜨리는 권리가 무엇이 있는지 알려주는 것이다.

등기부를 지저분하게 만드는 요인이니, 지워지지 않는 권리 때문에 부동산 가치가 얼마나 떨어지는지, 해결하는데 시간과 비용이 얼마나 들지를 고려해 응찰해야 한다. 대표적인 것으로는 소유권이전등기청구권 보전을 위한 선순위 가등기_{향후 소유권 취득할 목적의 등기}, 선순위 소유권처분금지가처분 등기_{소유권을 남한테 넘기지 말라는 취지의 등기}, 대항력이 있는 임차인의 임차권설정등기_{다음 소유자에게 임대차계약상 권리를 주장할 수 있는 등기}, 전세권설정등기_{전세권자가 다음 소유자에게 전세계약 상 권리를 주장할 수 있는 등기}가 있다.

이 칸에 무언가 기재되었다면 초보자로서는 일단 피하자. 임차권 등기나 전세권설정등기 정도는 줘야 할 보증금을 예상해 대처할 수 있지만, 가등기·가처분은 협의가 안 되면 소송에서 이겨야 지울 수 있다.

④ 경매가 끝나면 생기는 지상권의 개요

매각에 따라 설정된 것으로 보게 되는 지상권의 개요도 매각물건명세서에 작성되어야 한다. 땅 주인과 건물 주인이 서로 다른 사람이 되었을 때, 건물 주인이 건물을 문제없이 잘 사용하려면 땅을 사용할 수 있는 권리가 있어야 한다. 대표적인 권리 중 하나가 지상권이다.

토지 및 건물 중 하나에 대한 경매 절차가 진행될 때는 경매가 종료한 뒤 건물에 성립하는 지상권이 있는지가 중요한 문제이다. 그러나 실무를 하면서 '지상권의 개요'에 경매법원이 지상권 성립 여부를 단정 지어서 적는 경우는 보지 못했다. 대부분 "법정지상권이 성립할 여지가 있음" 정도로 쓴다.

⑤ 비고란

비고란은 경매법원이 임의로 쓰는 칸이다. 법에서 써야 한다고 정한 내용은 아니지만 법원이 응찰자에게 알려주고자 하는 부동산의 중요정보를 남긴다. 대표적인 예로는 경매 대상 부동산에서 제외된 토지 지상 건물·구조물의 개요, 유치권의 신고가 된 사정 및 유치권자가 주장하는 받을 돈^{피담보채권의 액수} 등이다.

유치권 신고가 있다 하더라도 신고 사실은 비고란을 통해 알리되, 대개는 '성립이 불분명'하다는 표현을 써 법원으로서는 낙찰자의 유치권 인수 여부에 대해 물음표를 달아놓는다. 간혹, 낙찰자가 인수하는 아파트나 구분상가^{한 건물 내에서 일정층이나 호수로 구분하여 소유권 취득이 가능한 상가}의 미납 관리비, 대지권 미등기 건물에 관한 미납 분양대금이 적혀 있는 때도 있다. 대지권은 chapter 4에서, 미납 관리비는 chapter 5에서 자세히 살펴본다.

chapter 3

경매종료,
살아남는 권리와
사라지는 권리
구별하기

부동산 가치 파악,
살아남는 권리를 알아야 한다.

낙찰 받아 소유권 등기를 하면, 등기사항증명서의 여러 등기가 지워진다. 등기에 기재되지 않는, 부동산을 사용하던 사람들의 권리도 소멸한다. 그러나 경매가 끝났어도 여전히 살아남는 권리가 있다. 낙찰자가 '인수하는 권리'라고 표현한다. 부동산 가치를 떨어뜨리거나 내 맘대로 부동산을 쓸 수 없게 한다.

인수하는 권리가 무엇인지, 인수한 권리를 없애 부동산을 제 가치로 돌려놓으려면 어떤 비용이 추가로 드는지를 분석하는 일을 '권리분석'이라 한다.

2

경매가 끝나면 부동산에서
사라지는 권리

**법원이 알려주는
말소기준권리**

경매가 끝나면 말소기준권리를 포함해 그 뒤에 생긴 권리는 원칙적으로 소멸한다. 빚쟁이들이 해둔 등기는 경매종료 시 지워지는데, 이들 권리 중 하나가 말소기준권리가 된다. 말소기준권리는 법원에서 쓰는 용어가 아니다. 매각물건명세서에서 '최선순위 설정' 칸에 기재된 등기가 바로 '말소기준권리'이다.

서 울 ███ 지 방 법 원

2021타경███

매각물건명세서

사 건	2021타경███ 2021타경███ 부동산임의경매	매각 물건번호	1	작성 일자	2023.08.30	담임법관 (사법보좌관)	
부동산 및 감정평가액 최저매각가격의 표시	별지기재와 같음	최선순위 설정		02.28.근저당권		배당요구종기	2021.06.30

부동산의 점유자와 점유의 권원, 점유할 수 있는 기간, 차임 또는 보증금에 관한 관계인의 진술 및 임차인이 있는 경우 배당요구 여부와 그 일자, 전입신고일자 또는 사업자등록신청일자와 확정일자의 유무와 그 일자

점유자의 성 명	점유부분	정보출처 구 분	점유의 권 원	임대차기간 (점유기간)	보 증 금	차 임	전입신고일자·외국 인등록(체류지변경 신고)일자·사업자등 록신청일자	확정일자	배당요구여부 (배당요구일자)
				조사된 임차내역없음					

※ 최선순위 설정일자보다 대항요건을 먼저 갖춘 주택·상가건물 임차인의 임차보증금은 매수인에게 인수되는 경우가 발생 할 수 있고, 대항력과 우선변제권이 있는 주택·상가건물 임차인이 배당요구를 하였으나 보증금 전액에 관하여 배당을 받지 아니한 경우에는 배당받지 못한 잔액이 매수인에게 인수되게 됨을 주의하시기 바랍니다.

등기된 부동산에 관한 권리 또는 가처분으로 매각으로 그 효력이 소멸되지 아니하는 것
해당사항없음

매각에 따라 설정된 것으로 보는 지상권의 개요
해당사항없음

비고란

주1 : 매각목적물에서 제외되는 미등기건물 등이 있을 경우에는 그 취지를 명확히 기재한다.
 2 : 매각으로 소멸되는 가등기담보권, 가압류, 전세권의 등기일자가 최선순위 저당권등기일자보다 빠른 경우에는 그 등기일자를 기재한다.

그림 12 최선순위 설정 칸

빚쟁이들이 해둔 등기상 권리

경매가 진행되는 부동산의 등기사항증명서를 보면, 대부분 갑구나 을구에 여러 개의 권리가 등기된 것을 볼 수 있다. 빚쟁이들이 돈 받기 위해 한 등기가 대부분이다.

일반 매매계약으로 이런 등기가 있는 부동산을 거래한다면, 빚쟁이들이 돈을 받기 위해 설정한 등기들이 소유권이 넘어간다고 저절로 지워지지 않는다. 그 어떤 사람도 등기부가 이렇게 지저

분한 부동산을 사고 싶지 않을 것이다. 이와 다르게, 경매절차에서 돈을 받기 위해 설정한 빚쟁이들의 등기는 대부분 낙찰자가 '소유권이전등기'를 하면 지워진다. 빚쟁이들이 경매에서 배당으로 떼인 돈을 다 받든 덜 받든 상관없다. 복잡한 등기 때문에 일반 매매로는 도무지 금전으로 바꾸기 어려운 물건들이 경매로 넘어오는 이유이기도 하다. 집주인의 빚쟁이들이 해둔 등기의 예는 다음과 같다.

① **근저당권 설정등기** : 돈을 빌려준 사람이 부동산을 담보로 잡으려고 한 등기. 돈을 갚지 않으면 곧바로 경매를 신청할 수 있다.

② **가압류등기** : 받을 돈이 있는 사람이 '떼인 돈 받는 소송'하기 전 집주인이 함부로 집을 팔지 못하게 하려고 해둔 등기. 돈을 빌려준 사람은 판결이 나면 판결문을 근거로 경매를 신청할 수 있다.

③ **압류등기** : 국가기관이 못 받은 돈이 있어 집주인이 함부로 집을 못 팔게 하기 위한 등기인 경우가 다수. 세금·국민건강보험료·국민연금·벌금 등을 내지 않았을 때 압류등기가 된다.

④ **채권 담보 목적 가등기** : 돈을 빌려준 사람이 부동산을 담보 잡기 위해 해둔 등기. 돈을 안 갚으면, 돈 빌려준 사람이 부동산의 소유권을 가져가거나 근저당권처럼 경매를 신청할 수 있다.

⑤ **경매개시결정등기** : 법원이 못 받은 돈이 있는 사람의 경매 신청을 받아들여, 경매가 시작되었음을 알리는 등기.

애초에는 다른 목적으로 해둔 등기지만, 경매 절차상 집주인에게 받을 돈이 있다고 주장하는 사람이 있을 수 있다. 대표적인 예가 바로 전세권이다. 전세권 등기를 하는 것은 전세 계약 체결 후 부동산에 '사는데' 목적이 있다. 그러나 계약 기간이 끝나거나 계약이 중간에라도 종료되면 전세권자의 관심은 전세보증금을 돌려받는 데 집중된다.

따라서 전세보증금을 돌려받아야 하는 '전세권자' 즉, 경매 절차에서 전세보증금에 대해 배당을 요구하거나 전세금을 받기 위해 경매를 신청한 전세권자의 등기는 경매가 끝나면 지워진다. 다만, 건물 전체가 아니라 '일부'에만 전세권설정등기를 했다면, 배당요구를 하더라도 건물 전체에 권리를 설정한 다른 사람들과의 조화상 '말소기준권리'가 되기 어렵다

말소기준권리보다 늦은 권리

빚쟁이가 돈을 받기 위해 부동산에 등기를 설정해 놨는데, 등기 설정 이후 부동산을 '사용'하는 권리가 생긴 사람들이 낙찰자가 소유권을 취득해도 계속해서 부동산을 사용할 수 있다면, 또는 다른 목적으로 부동산에 등기해둔 사람들이 낙찰자의 소유권 행사를 방해한다면 아무도 부동산을 제값 주고 사려 하지 않을 것이다.

자연스럽게 낙찰가가 내려갈 테니, 부동산을 팔아 떼인 돈을 받으려 했던 사람들이 예기치 못한 손해를 받는다. 돈을 받기 위해 '먼저' 등기해둔 사람들을 위해서라도 그 뒤에 다른 목적으로 부동산에 발생한 권리들은 경매 절차의 종료와 함께 사라져야 맞다. 말소기준권리보다 늦은 다음과 같은 권리들은 경매가 종료하면 소멸한다.

① 부동산을 사용하는 권리

말소기준권리보다 시간상으로 뒤에 부동산을 사용·수익하기 위해 발생한 권리는 원칙적으로 소멸한다. 등기된 권리의 예는 다음과 같다.

지상권 : 남의 토지 위에 있는 내 건물, 공작물, 수목 등을 쓰기 위해 남의 토지를 사용하는 권리

지역권 : 내 토지 사용을 위해 남의 토지를 사용하는 권리

전세권 : 전세금을 내고 남의 부동산을 쓰는 권리

등기된 임차권 : 민법상 임대차계약을 체결한 뒤 설정한 등기 또는 주택임대차보호법상 설정된 임차권 등기(후자의 등기가 아닌 '민법상 임차권 등기'는 요즘 쉽게 찾아보기 힘들다. 주택임대차보호법상 임차권 등기의 효력은 PART 2에서 설명한다)

등기되지 않지만 부동산 경매를 하면 가장 많이 만나게 되는 부

동산을 사용하는 권리가 있는 사람은 '주택임대차보호법 상 임차인'이다. 해당법상 낙찰자에게 전 소유자와의 임대차계약 내용을 주장할 수 있는 힘인 대항력은 점유와 주민등록이 필요조건인데 이 필요조건을 말소기준권리 뒤에 갖추었다면 낙찰자에게 임대차계약 상 권리를 행사할 수 없다. 자세한 내용은 PART 2에서 다룬다.

② 가처분 등기, 가등기

말소기준권리보다 늦은 '가처분 등기'도 원칙적으로는 경매가 종료하면 지워진다. 경매에서 자주 볼 수 있는 가처분 등기는 '소유권 처분 금지 가처분'이 있다. 집주인이 다른 사람에게 소유권을 함부로 넘기지 못하게 하기 위한 등기이다. 등기를 해둔 사람의 예로는 집주인과 소유권 분쟁이 있는 사람이나, 집을 철거하려는 사람을 들 수 있다.

말소기준권리보다 늦게 설정된 '가등기' 또한 경매가 종료하면 지워진다. 가등기는 나중에 소유권을 받아 가려 할 때 또는 받을 돈이 있어서 할 때 해둔다.

③ 주의해서 분석해야 할 권리들 : 법정지상권·임차권등기

말소기준권리보다 앞 순위인지, 뒷 순위인지를 따져볼 때 주의해야 할 권리들이 있다.

먼저, '법정'지상권이다. 법정지상권은 법에서 정한 일정 요건 충족시 바로 발생하여 '등기'를 요하지 않는다. 법정지상권이 있는 사람은 등기 없이도 권리 행사가 가능하다. 보통은 말소기준권리가 설정된 시점을 기준으로 법정지상권이 생기는지 따져본다. 그러나 그보다 앞서 토지나 건물에 소유자 변동이 있었다면, 이미 말소기준권리에 앞서 법정지상권이 생겼을 수 있다. 등기되어 표시되지 않기 때문에 직접 분석해서 발생여부를 확인해야 한다. 법정지상권보다 말소기준권리가 뒤에 생겼다면, 땅 이용을 어렵게 하는 법정지상권이 살아남아 부동산 가치를 떨어뜨린다.

또 하나 주의할 것은, '주택임대차보호법상 임차권등기명령'을 받은 임차권등기다. 이 때는 등기된 때가 아니라 대항요건^{전입신고,} _{임대차 목적물의 점유}을 언제 갖추었는지 기준으로 인수 여부를 확인해야 한다. 말소기준 권리보다 대항력을 먼저 갖췄다면, 소멸하지 않는 임차권으로 경매에서 받지 못한 보증금을 낙찰자한테 요구할 수 있다.

주택임대차보호법상 '임차권등기'는 집주인에게 받을 돈^{임대차보} _{증금}이 있어 설정한 등기지만 낙찰자가 소유권 등기해도 지워지지 않는 등기이다. 다음 소유자에게도 보증금을 달라고 할 수 있는 힘인 '대항력'이 있기 때문이다.

경매가 끝나도
부동산에 남는 권리

**말소기준권리보다
앞선 권리**

경매가 끝나면 빚쟁이들의 등기는 모두 사라진다. 그러나 말소기준권리보다 앞서는 돈을 받는게 목적이 아닌 부동산에 대한 다른 목적이 있는 권리는 살아남는다.

① 등기로 표시되는 권리

선순위 가등기, 선순위 가처분 등기, 임차권 등기, 전세권설정 등기 등이 있다. 말소기준권리보다 앞서 등기되어 있으면 낙찰자가 소유권 이전 등기를 하더라도 지워지지 않는다. 말소기준권리보다 앞서 등기상 지워지지 않고 낙찰자가 인수하는 등기는 매각물건명세서에 표시된다.

② 등기에 표시되지 않는 권리

법정지상권, 분묘기지권, 대항력이 있는 임차인 등이 있다. 위 권리를 가진 사람들은 낙찰자에게 경매가 종료하더라도 경매 부동산을 사용하겠다고 주장할 수 있다.

법정지상권은 내 건물이 남의 땅에 있을 때, 남의 땅을 쓸 수 있는 권리로 몇 가지 조건이 맞으면 저절로 생기는 법률상 권리다. 분묘기지권은 남의 땅에 있는 분묘라도 분묘와 주변 땅을 계속 이용할 수 있는 권리이다. 토지나 임야를 낙찰 받으려 한다면 분묘가 있는지 확인해 본인이 원하는 용도로 사용하는데 분묘가 문제 되지 않는지, 분묘 이장이 가능한지 살펴야 한다. 두 권리는 말소기준권리에 앞서 이미 존재하고 있을 수도 있고, 경매로 땅과 지상에 있는 건물분묘이 서로 다른 사람에게 속하게 되면서, 경매 종료 시점에 발생하기도 한다.

법정지상권과 대항력이 있는 임차인이 주로 실무에서 많이 문제 되고, 부동산 가치 파악에도 중요한 권리인 만큼 뒤에서 주제별로 조금 더 심도 있게 살펴본다.

말소기준권리 상관없이 살아남는 권리

① 유치권

말소기준 권리보다 나중에 생겼음에도 경매 절차에서 말소되지 않는 대표적인 권리로는 유치권이 있다. 경매개시결정등기보다 앞서 생겼다면 다른 빚쟁이 권리와 상관없이 유치권은 늘 인수된다.

② 지워지지 않는 후순위 가처분

말소기준권리보다 후순위임에도 사라지지 않는 가처분 등기가 있다. 토지 소유자가 지상 건물을 철거하기 위해 해둔 건물소유권 처분금지 가처분이다. 건물 주인한테 함부로 건물을 남한테 팔지 말라는 의미이다.

가처분을 통해 지켜두려는 권리가 무엇인지는 등기사항증명서상 '피보전권리' 란에서 확인할 수 있다. '토지 소유권에 기한 건물 철거 청구권'으로 보통 쓰이고, 이러한 가처분 등기가 있는 건물이 경매에 나오면 비록 위 가처분이 말소기준 권리보다 후순위라도 지워지지 않는다. 가처분이 지워지지 않는 것보다 더 큰 문제는 건물이 '철거될 가능성'이 있다는 점이니, 위와 같은 가처분이 있는 건물이 경매 물건으로 나왔다면 고수가 아닌 이상 다른 물건으로 관심을 돌리는게 좋다.

말소되는 권리	인수되는 권리
(근)저당권, (가)압류	유치권, 법정지상권, 분묘기지권
말소기준권리보다 후에 설정된 지상권, 지역권, 배당요구를 하지 않은 전세권, 등기된 임차권, 가처분 **주택임대차보호법 적용되는 임차권 등기는 대항요건 성립시기를 기준으로 말소기준권리와 선후 판단	말소기준권리보다 먼저 설정된 지상권, 지역권, 배당요구를 하지 않은 전세권, 등기된 임차권, 순위보전을 위한 가등기, 가처분 **주택임대차보호법 적용되는 임차권 등기는 대항요건 성립시기를 기준으로 말소기준권리와 선후 판단
배당요구를 한 전세권	후순위 가처분 중 토지소유자가 지상 건물에 대한 철거를 위해 한 처분금지가처분
담보가등기	

표 2. 말소되는 권리와 인수되는 권리

 심화

사라지지만 주의해야 할 등기

말소기준권리보다 후순위 가처분이라 지워지지만, 초보자라면 피하는 것이 좋을 가처분 등기가 있다. 소유권 분쟁이 있음을 암시하는 소유권처분금지가처분 등기이다.

필자는 갑구의 가처분 등기가 후순위여서 지워지지만, 소유권처분금지가처분등기의 '피보전권리' 표시란에 '소유권말소등기청구권'이라는 용어가 눈에 띈다면 다른 물건을 찾아볼 것을 추천한다. 드물게 보는 등기지만, 현재 소유자의 소유권이 무효라면 상황에 따라서 낙찰자의 소유권에도 문제가 생길 수 있다.

물권과 채권

경매 절차와 용어를 공부하려면 어쩔 수 없이 민법에서 정하는 권리의 두 가지 개념인 물권과 채권을 어느 정도 이해하고 넘어가야 한다. 물권과 채권이 무슨 권리인지, 경매 절차에서 무슨 차이가 있는지 간략히 알아보자.

다른 사람 눈치 안 보는 권리, 물권　물권은 특정의 물건동산, 부동산을 직접 지배하여 이익을 얻는 것을 내용으로 하는 배타적이고 독점적인 권리이다. 경매 절차상 자주 보게 되는 물권의 예로는 점유권, 소유권,

법정지상권, 전세권, 유치권, 저당권 등이 있다.

배타적이고 독점적인 특징이란 무엇일까? 소유권을 예로 들어 보자. 홍길동이 아파트의 소유권을 가지고 있다면, 홍길동만이 아파트의 소유권을 주장할 수 있을 뿐이다. 전우치가 홍길동 소유의 아파트가 내 것이라고 주장한다면, 진정한 소유자 단 한 명을 가리기 위해 법원에 가서 소유권이 누구에게 있는지 판결받아야 한다.

물권은 특정의 물건을 직접 지배하는 권리로서 특정의 상대방이 없고 누구에 대해서도 주장할 수 있는 절대권이다. 앞서 예를 든 홍길동의 사례에서 홍길동은 그 누구에게라도 이 아파트는 내 아파트라고 말할 수 있다. 홍길동에게 소유권이 있으니 아무도 함부로 건들지 말라고 할 수 있는데, 이러한 물권의 특징은 오로지 채무자에 대해서만 주장할 수 있는 권리인 '채권'과 구별되는 부분이다.

근저당권자나 전세권자는 집주인이 돈을 돌려주지 않으면 별도로 판결을 받을 필요 없이 경매를 신청할 수 있는데 이렇게 시작된 경매를 '임의경매'라고 한다.

다른 사람 눈치 봐야 하는 권리, 채권

채권은 갑이 을에게 무언가 청구할 수 있는 권리이다. 일상생활에서 만날 수 있는 채권의 가장 가까운 예는

'금전채권'이다. 경매 절차상 자주 보게 되는 채권의 종류로는 은행의 대출금 채권 또는 일반인의 대여금 채권, 대항력이 있는 임차인의 보증금 반환청구권, 유치권자의 공사대금채권 등이 있다.

갑이 을에게 500만 원을 빌려줬다. 갚기로 약속한 날짜가 되면 갑은 을에게 500만 원을 돌려달라고 요청할 수 있다. 500만 원을 돌려달라고 할 수 있다는 내용을 "갑은 을에 대해서 500만 원 대여금 채권이 있다."라고 법률적으로 표현할 수 있다. 500만 원의 대여금 채권은 을에게만 주장할 수 있는 권리이다. '을'이 아닌 다른 사람에게 500만 원의 채권을 요구할 수 없다. 누구에게나 인정받는 권리인 물권과 비교되는 부분이다.

대여금 채권이 있는 사람은 법원으로부터 판결을 받으면 판결문을 근거로 돈을 갚지 않는 사람의 부동산에 대해 경매를 신청할 수 있다. 이렇게 시작되는 경매를 강제경매라 한다. 강제경매를 신청할 수 있는 근거는 판결문 외에도 소송상 화해조서, 지급명령, 공정증서 등이 있다.

경매에서의 물권과 채권

물권은 경매의 배당절차에서 우선적 효력어느 한 권리가 다른 권리에 우선하는 효력을 갖게 된다. 종류가 다른 물권이 여러 개 있는 때예, 전세권과 저당권 또는 여러 개 저당권는 먼저 성립한 권리가 우선한다.

어떤 물건에 관하여 물권과 채권이 대립할 때는 성립의 선후 관계없이 물권이 채권에 우선한다.

홍길동에게 똑같이 5천만 원을 빌려준 갑돌이와 을순이가 있다고 해보자. 갑돌이는 5천만 원을 3년 전에, 을순이는 1주일 전에 홍길동에게 빌려줬다. 다만, 을순이는 빌려준 5천만 원을 이유로 홍길동의 집에 1순위 근저당권을 설정해두었고, 더 오래전에 빌려준 갑돌이는 아무 담보도 잡지 않고 기다렸다.

홍길동 마음 같아서는 더 오래 기다려 준 갑돌이에게 돈을 먼저 돌려주고 싶을 수 있겠지만, 홍길동 집이 경매로 넘어갔을 때 배당을 받게 되는 순서는 집에 1순위 근저당권을 설정해둔 을순이가 먼저고, 을순이가 배당받고 남은 돈만 갑돌이가 배당받을 수 있다. 다만, 보호가 필요한 일부 채권은 예외가 인정되기도 한다. 소액임차보증금, 최종 3월분의 임금, 최종 3년간의 퇴직금, 재해보상금 등은 성립 시기와 관계없이 경매 절차에서 가장 먼저 배당 받는다. 확정일자를 받아둔 임차인은 확정일자 시기가 앞서면 다른 물권보다 먼저 배당 받는다.

여러 개의 돈 받을 권리가 있는 사람이 동시에 있다면 성립 원인이나 성립의 전후와 관계없이 모든 채권의 효력은 원칙적으로 평등하다. 경매에서는 채권 액수에 비례해 낙찰대금을 비율에 맞게 나눠 채권자에게 지급한다.

복잡한 배당계산, 꼭 공부해야 하나?

소유자가 살고 있는 부동산이라면 응찰자가 배당이 어떻게 되는지 크게 신경 쓸 필요 없다. 매각물건명세서상 말소기준권리 이하 전 소유자의 빚쟁이 권리들은 모두 사라진다. 특별한 경우가 아니라면, 배당으로 돈을 다 받지 못한 전 소유자의 빚쟁이가 갑자기 낙찰자한테 돈을 달라고 요구할 수는 없다.

배당계산이 응찰자에게 중요한 물건은 PART 2에서 살펴보는 대항력과 (최)우선변제권이 동시에 있는 임차인이 우선변제권을 행사했을 때이다. 전세가가 매매시세의 5~60% 이상을 차지하는 거액인 요즘 웬만한 임차인은 대부분 1순위로 경매에서 임대차보증금을 회수할 수 있도록 권리를 갖춰놓는다. 말소기준권리보다 앞서 우선변제권을 확보해놓은 임차인이 경매 절차에서 돈을 달라고 요구했음에도 보증금을 다 받지 못하는 경우는 몇몇 사례를 제외하면 흔치 않다.

대항력을 갖춘 시기보다 확정일자가 늦은 임차인이라면 그보다 앞서 돈을 받아 가는 채권자가 있을 수 있으므로 임차인이 몇 순위이고 배당 받을 금액이 얼마인지 잘 계산해봐야 한다. 임차인이 배당 받지 못해 낙찰자가 인수해 돌려줘야 할 보증금을 낙찰가에 반영해야 하기 때문이다. 그러나 최근 필자가 마주한 물건 중 이런 물건의 비율은 낮다. 경매 초보라면, 이런 몇 안 되는 물건을 분석하기 위해 복잡한 배당계산을 공부하는 것을 굳이 추천하지 않는다.

chapter 4

등기사항증명서
보는 법

등기,
꼭 확인해야 하는 이유

경매로 낙찰 받고 싶은 부동산이 생겼다면, 법원이 나눠주는 문서들 외에 반드시 봐야 하는 서류 중 하나가 등기사항증명서다. 등기사항증명서는 권리관계에 대해서 자세히 나타내줄 뿐만 아니라, 해당 부동산의 역사로 특수물건 해결을 위한 여러 힌트를 주기도 한다. 주제별로 등기에서 어떤 점을 추가로 확인하면 좋을지 따로 살펴본다.

인터넷등기소www.iros.go.kr에 들어가면 원하는 부동산의 등기사항증명서를 언제든지, 누구라도 떼볼 수 있다.

등기와 대장(건축물, 토지)의 관계

부동산의 사실적인 사항에 대해 자세히 다룬 문서로는 대장^{건축물대}^{장, 토지대장}이 있다. 최초의 등기인 소유권보존등기는 대장에 터 잡아 이루어진다. 그 후 부동산의 권리관계의 변동은 등기사항증명서를 중심으로, 권리관계 이외의 현황이나 지번, 지목 등의 변경은 대장을 중심으로 이루어지고 변경된 대장에 따라 등기사항증명서의 변경이 이루어진다. 등기사항증명서와 대장이 불일치하는 경우 권리관계는 등기사항증명서의 기재가, 권리관계 이외의 사항에 대해서는 대장의 기재가 우선한다. 정부24^{https://www.gov.kr/portal/main/}^{nologin}에 들어가면 원하는 주소의 대장을 열람할 수 있다.

등기사항증명서의 구성

표제부

표제부는 부동산의 물리적 현황이라 할 수 있는 위치, 면적, 구조 등의 표시를 표시한다. 콘크리트조인지, 벽돌조인지 부동산을 구성하는 자재가 무엇인지, 건물이 총 몇 층이고 층마다 면적이 몇 제곱미터인지 쓰여있다.

아파트라면 1동 건물의 표시와 전유부분에 대한 표시로 나뉘는데, 전유부분은 현관 안쪽의 공간으로 소유자가 자신만 사용하며 생활하는 공간이다. 전유면적은 보통 전용면적과 같은 의미로 쓰이는데, 전용 59㎡는 공급면적으로 25평형, 74㎡는 30평형, 84

㎡는 34평형, 114㎡는 43평형에 해당한다.

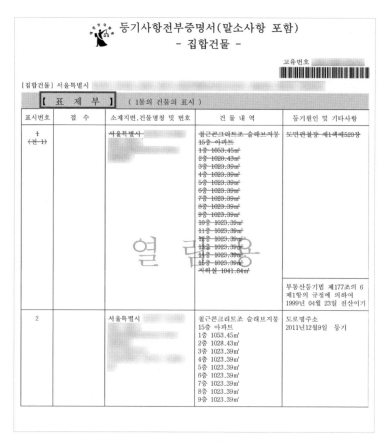

그림 13 표제부(1)

[집합건물] 서울특별시 ▓▓▓▓

표시번호	접 수	소재지번,건물명칭 및 번호	건 물 내 역	등기원인 및 기타사항
			10층 1023.39㎡ 11층 1023.39㎡ 12층 1023.39㎡ 13층 1023.39㎡ 14층 1023.39㎡ 15층 1023.39㎡ 지하실 1041.84㎡	

(대지권의 목적인 토지의 표시)

표시번호	소 재 지 번	지 목	면 적	등기원인 및 기타사항
1 (전 1)	1. 서울특별시 ▓▓▓ 2. 서울특별시 ▓▓▓	대 대	237830.7㎡ 65184.3㎡	
				부동산등기법 제177조의 6 제1항의 규정에 의하여 1999년 04월 23일 전산이기

【 표 제 부 】 (전유부분의 건물의 표시)

표시번호	접 수	건 물 번 호	건 물 내 역	등기원인 및 기타사항
1 (전 1)	1989년1월23일	제14층 제1405호	철근콘크리트조 158.705㎡	
				부동산등기법 제177조의 6 제1항의 규정에 의하여 1999년 04월 23일 전산이기

(대지권의 표시)

표시번호	대지권종류	대지권비율	등기원인 및 기타사항
1 (전 1)	1, 2 소유권대지권	303015분의 84.454	1988년12월30일 대지권
			부동산등기법 제177조의 6 제1항의 규정에 의하여 1999년 04월 23일 전산이기

그림 14 표제부(2)

갑구

갑구와 을구는 부동산의 '권리' 관계에 대해 공시한다. 갑구는 '소유권'에 대한 변경, 소멸, 이전 상황을 나타낸다. 갑구에서 확인할 수 있는 등기 예로는 소유권, 소유권처분금지가처분, 가압류, 가등기, 압류, 경매개시결정등기 등이 있다.

갑구는 누가 누구에게 부동산을 사고팔았는지^{소유권이전등기}, 누가 누구에게 부동산을 남에게 함부로 팔지 말라고 법원에서 결정을 받아뒀는지^{소유권처분금지가처분}, 누가 집주인에게 돈을 빌려주고 부동산을 함부로 처분하지 못하게 해뒀는지^{부동산 가압류}, 집주인이 어느 국가기관에 돈을 내지 않았고, 국가기관의 요청으로 법원이 언제 집주인에게 함부로 부동산의 가치를 떨어뜨리지 말라고 경고했는지^{압류등기}, 누가 부동산을 돈으로 바꾸는 절차를 신청했고, 어느 법원이 경매를 진행하는지^{부동산 경매개시결정등기} 등을 확인할 수 있다.

[집합건물] 서울특별시

【 갑 구 】 (소유권에 관한 사항)				
순위번호	등 기 목 적	접 수	등 기 원 인	권리자 및 기타사항
1 (전 2)	소유권이전	1989년3월14일 제40828호	1987년6월9일 매매	소유자 -*******
				부동산등기법 제177조의 6 제1항의 규정에 의하여 1999년 04월 23일 전산이기
1-1	1번등기명의인표시 변경	2005년12월14일 제108290호	2005년9월22일 전거	의 주소 ~~판테빌라 202호~~
1-2	1번등기명의인표시 변경	2009년2월26일 제20993호	2007년11월30일 전거	의 주소 ~~라칼팰리스 701호~~
1-3	1번등기명의인표시 변경		2011년10월31일 도로명주소	의 주소
				2013년11월11일 부기
2	소유권이전	2018년2월28일 제33413호	2017년12월8일 매매	소유자 621016-*******
				거래가액 금1,460,000,000원
~~3~~	~~카압류~~	~~2019년8월28일 제125836호~~	~~2019년8월27일 서울 지방법 원의 카압류 결정(단5 2656)~~	~~청구금액 금100,000,000 원 채권자 571127-*******~~ ~~씨동 101호~~

그림 15 갑구

을구

을구에는 소유권 외의 권리 사항이 기재된다. 주로 집주인이 부동산과 관련하여 남에게 어떤 권리를 설정해줬는지를 기재한다.

실생활에서 가장 많이 마주치는 사례는 부동산담보대출을 받은 집주인이 은행에 근저당권을 설정해주는 경우다. 그 외에도 전세 계약을 체결해 세입자가 전세권 설정등기를 하는 경우, 집주인이 보증금을 돌려주지 않아 대항력을 유지해야 하는 임차인이 설정하는 임차권 등기 등을 주로 볼 수 있다.

[집합건물] 서울특별시

【 을 구 】 (소유권 이외의 권리에 관한 사항)				
순위번호	등 기 목 적	접 수	등 기 원 인	권리자 및 기타사항
1	근저당권설정	2005년12월14일 제108291호	2005년12월14일 설정계약	채권최고액 금960,000,000원 채무자 근저당권자 《 압구정타운지점 》
2	근저당권설정	2009년2월26일 제20994호	2009년2월26일 설정계약	채권최고액 금2,210,000,000원 채무자 경기도 근저당권자 서울특별시 공동담보목록 제2009-44호
3	1번근저당권설정등 기말소	2009년2월27일 제21738호	2009년2월26일 해지	
4	근저당권설정	2009년2월27일 제21739호	2009년2월27일 설정계약	채권최고액 금1,040,000,000원 채무자 경기도 근저당권자 공동담보목록 제2009-46호
5	2번근저당권설정, 4번근저당권설정 등기말소	2009년5월13일 제41357호	2009년5월12일 해지	

그림 16 을구

등기상 권리들의 우열

같은 부동산에 관하여 등기한 권리의 순위는 법률에 다른 규정이 없는 한 등기한 순서에 따른다.

응찰하려는 물건의 매각물건명세서와 등기사항증명서를 대조해가며, 말소기준 권리가 무엇이고 낙찰 후에도 인수할 가처분이나 등기가 무엇인지 살펴보는 연습을 계속해보면 등기사항증명서만 보더라도 저절로 말소기준 권리가 무엇인지 찾아낼 수 있게 된다. 여러 등기부를 분석하다 보면 다른 물건에서 발견되지 않았던 특이한 내용을 발견해, 해당 내용이 특수물건의 실마리가 되기도 한다.

아파트(빌라) 낙찰 받으려면
확인해야 하는 대지권 등기

대지(사용)권

경매 관련 수업을 할 때 특히 확인해야 한다고 강조하는 부분은 바로 아파트, 빌라의 '대지권 등기'이다.

대지권은 집합건물을 소유한 사람에게 발생한다. 집합건물은 토지 위에 하나의 건물이 있지만, 건물 내부가 구분되어 여러 소유자가 있는 건물이다. 아파트, 빌라, 구분상가 등이 대표적인 예이다. 대지권 등기는 특정 호수의 소유자가 아파트^{빌라} 대지로 사용되는 토지 중 얼마큼의 지분을 가졌는지를 나타낸다.

대지권대지 사용권을 이해하려면, 건물과 건물이 밟고 있는 땅의 소유자가 다를 수 있다는 점부터 알아야 한다. 우리 민법 체계에서는 건물과 대지의 소유권자가 따로 존재할 수 있다. 건물 소유자 콩쥐가 어쩌다 보니 돈이 부족해 건물이 밟고 있는 땅을 살 돈이 없어, 땅은 팥쥐가 소유하고 있다고 해보자.

콩쥐 건물이 하늘에 떠 있는 것이 아닌 한, 반드시 팥쥐 땅을 밟아야 한다. 팥쥐로서는 건물이 밟고 있는 면적과 그 주변 토지를 마음대로 쓸 수 없으니 이때 팥쥐는 토지 소유권을 침해당하고 있다고 말할 수 있다. 콩쥐가 팥쥐 토지를 쓸 수 있는 적법한 권리가 없다면, 팥쥐는 콩쥐에게 건물을 철거하고, 토지를 인도하며, 토지 인도 시까지 발생하는 차임을 달라고 요구할 수 있다.

다만, 콩쥐가 건물을 소유하기 위한 법정지상권을 가지고 있다면 제아무리 토지 소유권이 있다고 해도 팥쥐는 지상권이 존속하는 동안 콩쥐에게 건물을 철거하라거나 토지에서 나가라고 할 수 없다.

콩쥐가 소유한 건물이 단독건물이라면 법정지상권이 토지를 사용할 수 있는 대표적인 권리가 된다. 아파트는 전체 세대의 소유자가 땅을 함께 소유하는 형태로, 엄연히 건물과 땅의 소유자가 일치하지 않는다. 따라서 콩쥐가 소유한 건물이 집합건물 중 하나의 구분 세대라면 대지사용권이 필요하다.

등기부상 대지권은 어디에 표시되나?

대지권 등기는 표제부와 갑구 사이에 있다. 표제부에서도 1동의 건물의 표시, 대지권의 목적인 토지의 표시, 전유부분 건물의 표시 다음 '대지권의 표시' 란을 확인하면 된다. 해당란에는 전유부분에 대한 대지권 비율이 표시된다.

전유부분 건물의 표시 다음 대지권의 표시 없이 곧바로 갑구소유권에 관한 사항가 나오는 등기사항증명서라면 대지권이 미등기된 부동산이니, 대지권 등기를 하는 데 필요한 절차나 비용을 반영해 입찰가를 산정해야 한다.

대지권 비율이 등기에 표시되지 않은 아파트가 경매로 나오면, 매각물건명세서와 감정평가서에 대지권 등기가 되어 있지 않은 사정이 적혀 있다. 감정평가사는 대지권에 해당하는 감정가가 얼마인지도 따로 구분해 감정서에 적는다.

【표 제 부】 (1동 건물의 표시)

표시번호	접수	소재지번,건물명칭 및 번호	건물내역	등기원인 및 기타사항
1	2019년 5월 13일	서울특별시 00구 00동 1 ***아파트 101동 [도로명주소] 서울특별시 00구 00로 1	철근콘크리트구조 (철근)콘크리트지붕 23층 공동주택(아파트) 1층 500.00㎡ (이하 생략)	도시및주거환경정비 사업시행으로 인하여 등기

(대지권의 목적인 토지의 표시)

표시번호	소재지번	면적	등기원인 및 기타사항
5	1. 서울특별시 00구 00동 1	24353.3㎡	2019년 5월 13일 등기

【표 제 부】 (전유부분의 건물의 표시)

표시번호	접수	건물번호	건물내역	등기원인 및 기타사항
접수	2019년 5월 13일	제5층 제501호	철근콘크리구조 84.8746㎡	

(대지권의 표시)

건물내역	대지권종류	대지권비율	
1	1 소유권 대지권	24353.3분의 30.1234	2019년 6월 23일 대지권 2019년 5월 13일 등기

【갑 구】 (소유권에 관한 사항)

순위번호	등기목적	접수	등기원인	권리자 및 기타사항
4	소유권보존	2019년 5월 13일 123456호		소유자 박** 112456-******* 서울특별시 00구 00로 1, 105동 501호

그림 17 대지권 등기

대지권 등기가 없으면 생기는 문제

관련법에 따르면 아파트 특정 호수전유부분와 대지 사용권은 함께 처분되는 것이 원칙으로, 매우 드물게 예외가 있기도 하지만, 낙찰 받은 아파트가 대지권미등기더라도 대지 사용권 자체가 없어 철거될 위기에 처하는 경우는 거의 없다.

대지권 등기가 되어 있지 않으면 당장 거주하는 데는 대부분 크게 문제가 없다. 그러나 은행 담보 대출이 어려울 수도 있고, 재건축·재개발 과정에서 땅에 대한 권리가 없으니 부동산 가격을 제대로 평가받지 못할 수도 있다. 여러모로 불완전한 부동산이라는 인상을 주어 매도에 어려움을 겪기도 한다.

대지권 등기가 없을 때, 대지권 등기를 하기 위한 후속 절차는 크게 두 가지다. 바로, 대지권 등기를 하기 위해서 단순히 기다리기만 하면 되는 경우 또는 대지 지분에 해당하는 대금을 추가로 더 지출해야 경우이다. 전자는 토지와 관련한 지적정리나 행정절차가 지연되어 대지권 등기가 안 된 경우로 시간이 필요하다.

그러나 애초에 분양계약을 체결했던 사람이, 대지 지분에 해당하는 분양대금을 지급하지 않아 대지권 등기가 안 된 때라면, 분양을 받기로 계약한 사람수분양자이 잔금을 내야 대지권 등기를 넘겨주겠다고 분양회사에서 주장할 수도 있다.

수분양자분양을 받기로 계약한 사람는 이미 전유부분 소유권을 잃은 사람에 불과하니 대지지분을 얻기 위해 추가로 분양대금을 낼리 없다. 답답한 현재 소유자가 미납 분양대금을 내고 대지권 등기를 할 수밖에 없다.

단순히 기다리기만 하면 되는 전자의 상황이라면, 비용 측면에서 비교적 부담이 덜 하겠지만, 이런 과정 없이 깔끔한 부동산을 소유하고자 한다면, 등기사항증명서상 대지권 등기가 잘 되어 있는지를 살펴봐야 한다.

경매법원이 미리 확인하거나 분양회사가 이를 알려왔다면 매각물건명세서 비고란에 미납된 분양대금이 얼마인지 써주기도 한다. 그러나 경매법원이 반드시 이런 내용을 확인해줄 의무는 없다 보니 대지권 미등기 건물에 미납 분양대금에 대한 정보가 표시되지 않은 경우가 더 많다. 응찰하려는 사람이 직접 확인해 볼 수밖에 없다.

chapter 5

낙찰 받고 싶은
부동산,
직접 가보기
(임장)

→

임장,
반드시 해야 하는 이유

인터넷 정보가 넘쳐나니 손품만 팔아도 부동산을 완전히 파악했다고 착각하기 쉽다. 생각보다 많은 사람들이 부동산에 직접 가보지 않고 낙찰 받아 문제가 생겼다고 상담을 요청한다. 또는 응찰 전 부동산에 직접 가본 덕에 서류로는 알기 어려운 문제점을 발견하기도 한다.

입찰하기 위해 직접 부동산에 가서 이것저것 알아보고 조사하는 일을 일컬어 '임장'이라고 한다. 임장을 통해 알아봐야 할 것이 무엇인지 살펴보자.

경매 서류에 적힌 사람이
살고 있나?

**현관문이
하나 더 있어요?!**

법원 서류와 부동산의 현황이 크게 다른 경우는 드물다. 그런데도 가끔은 낙찰 받은 사람이 꼼꼼히 부동산을 살펴본 뒤에야 알게 되는 황당한 상황이 있다.

경매 낙찰자가 201호 부동산을 샀는데 직접 가니 현관문이 2개로 발견됐다. 서로 다른 집으로 들어가는 문이었다. 알고 보니 201-1호와 201-2호가 있었다. 201-2호는 누가 사는지조차 알 수 없고, 임차인이 산다면 보증금 인수도 문제 될 상황이었다. 매각허가결정에 이의를 제기해 낙찰을 무르면 그만이지만, 입찰보증금이 묶일 수 있고 무엇보다 응찰 전 미리 가봤더라면 굳이 입찰하지 않을 부동산이었다.

엉뚱한 사람의 거주

임장한다는 것은 부동산 내부를 둘러본다는 의미는 아니다. 소유자나 점유자의 허락 없이 내부에 들어가는 것은 형사 문제를 일으킬 수 있으니 절대 권하지 않는다. 다만, 입찰할 부동산을 살피다 우연히 집에 들어가는 점유자를 보기도 한다.

서류상으로는 빌라의 전주인이 살고 있는 것으로 되어 있는데 응찰 전 조사차 빌라에 가보았더니 문신이 많고 덩치가 좋은 젊은 남자들이 우르르 몰려 들어가는 것을 보는 경우도 있었다. 드물지만 망한 집주인이 단기 월세를 놓고 나가는 때도 있는데, 전입신고도 하지 않은 단기 임차인들은 서류만으로는 도저히 점유를 알 수가 없다. 걱정할 필요는 없다. 법원에서 부동산 인도명령을 받아 내보내면 그만이다. 다만, 이런 상황을 맞이하고 싶지 않다면 법원 서류에 적힌 사람이 정말 살고 있는지 이웃들에게 물어보는 방법으로 조사해보는 것도 나쁘지 않다.

인근 공인중개사무소
방문

매매, 전월세 시세

네이버 부동산, 국토교통부 실거래가 조회 사이트, 아실 등 많은 인터넷 사이트에서 공짜로 매매와 전월세 시세를 알려준다. 그러나 경매는 '급매'보다 싸게 사야 의미가 있다.

인터넷에 올라온 매물의 가격은 거래가 성사되지 않은 상태에서 집주인이 '이 값'에 팔기를 원하는 일명 '호가'이다. 세금 문제나 급전이 필요해 집주인이 그야말로 '급급매'로 내놓은 물건은 인터넷 사이트에 올라올 틈도 없이 인근 공인중개사들만 알고 있는 상태에서 거래된다.

인근의 여러 공인중개사무소에 직접 방문해, 매매와 전월세 시세는 물론 급매 물건의 가격이 얼마인지 확인해 봐야 성공적인 입찰가를 쓸 수 있다.

매도 난이도

응찰하려는 부동산을 과거에 중개한 이력이 있는 공인중개사를 만날 수도 있고, 이미 집주인이 부동산을 내놓은 전력이 있다면 경매 물건의 사정을 속속들이 아는 공인중개사를 만날 수도 있다. 그 집은 내부에 어떤 하자가 있어서 안 팔린다던가, 골치 아픈 이웃이 있다든가 하는 사정을 들으면 부동산의 매도 난이도를 파악할 수 있다. 매도하기 극히 어려운 물건이라면 입찰가를 대폭 깎거나 응찰 자체를 포기하는 편이 낫다.

전월세 수요

손품을 통해 전월세 물건이 인근에 얼마나 있는지, 대중교통이 가까운지, 인근에 직장·학교가 많거나 근접한 지 등을 인터넷 지도로 보면 전월세 수요를 대강 예측할 수 있다. 그러나 현장의 분위기라는 것은 또 다를 수 있다. 낙찰 받아 세입자를 구해 부동산을 활용하고자 한다면 공인중개사무소 여러 곳을 돌며, 집을 구하는 세입자가 풍부한지에 대해 조언을 구할 필요가 있다.

관리사무소·경비실
방문

**낙찰자가 내야 하는
미납 관리비**

아파트 또는 구분상가를 낙찰 받으려 할 때, 신경 써서 알아봐야 하는 부분은 미납 관리비이다. 관리사무소에 방문해, 미납된 관리비가 있는지, 있다면 금액이 얼마 정도 있는지 미리 문의하는 게 좋다.

　미납 관리비 중 낙찰자가 인수하는 부분은 '공용부분'에 대한 관리비이다. 전前 소유자또는 임차인가 사용해 발생한 전기세·수도세 등은 낙찰자가 인수하지 않는다. 또한, 낙찰자는 전前 소유자가 체납한 공용부분 관리비를 승계할 뿐, 공용부분 관리비에 대한 '연

체료'는 승계하지 않는다.

그렇다면 낙찰자가 승계한 미납 관리비 채무로부터 전 소유자는 완전히 자유로워질까? 낙찰자가 관리비 채무를 인수하지만, 이전의 소유자들 역시 공용부분에 관한 미납 관리비 채무를 함께 부담한다. 미납 관리비를 지급한 낙찰자는 전 소유자에게 '구상권'이라는 것을 행사하여 본인이 지급한 관리비를 내놓으라는 청구를 할 수 있다. 법률적으로 가능한 내용이지만, 빚이 많아 본인의 재산을 경매로 날린 소유자에게 돈을 돌려받기란 쉽지 않다. 관리사무소를 방문해 애초에 밀린 관리비가 얼마인지 잘 확인해 입찰가에 반영해야 하는 이유다.

오래된 관리비, 무조건 다 내야 할까?

법은 권리 위에 잠자는 자를 보호하지 않는다. 자신의 권리를 적극적으로 행사하지 않은 이상 법이 정한 일정 기간이 지나면 권리는 소멸한다. 이렇게 권리 행사 없이 일정 기간이 지나면 더는 권리가 존재하지 않도록 하는 것을 '소멸시효' 제도라 한다. 돈 받을 권리금전채권의 소멸시효기간은 기본적으로 10년이다. 대표적인 예 중 하나가 주택에 대한 임대차보증금 반환채권이다.

한편, 민법에는 소멸시효를 단기로 정한 몇몇 채권이 있다. 이 책에서 보게 되는 돈 받을 권리채권 중 2개의 채권이 단기 소멸시효가 적용된다. 관리비 채권과 공사대금채권이다. 둘 다 '3년'의 단기 소멸시효가 적용된다. 돈 받을 사람이 3년 동안 법적으로 돈 받을 노력을 하나도 하지 않으면 소멸시효가 완성되면서 권리가 소멸하는 것이다.

그렇다면 낙찰자는 알아볼 것도 없이 미납 관리비가 아무리 쌓여있더라도 3년 치 관리비만 지급하면 될까? 3년이 넘은 관리비는 지급할 일이 전혀 없을까? 그렇지 않다. 돈 받을 권리가 있는 사람은 흘러가는 소멸시효를 법이 정한 적극적인 권리행사를 통해 꽉 붙잡을 수가 있다. 이를 '소멸시효 중단'이라고 한다. 소멸시효 중단 사유로는 재판상 청구는 물론 가압류, 압류 및 채무자의 승인행위 등이 있다. 소멸시효 중단 행위가 있으면 중단 사유가 종료한 때로부터 새롭게 소멸시효가 진행된다.

재판상 청구는 소송을 제기하는 것이다. 판결이 확정되면 새롭게 소멸시효가 시작되고, 단기 소멸시효가 적용되던 채권은 10년으로 소멸시효기간이 확장되기까지 한다.

대법원은 관리비를 징수하는 주체가 전 소유자를 상대로 관리비 소송을 제기하여 승소 판결을 받아 소멸시효가 중단된 이상, 경매 절차에서 소유권을 취득한 낙찰자에게도 그 효력이 미친다고 보았다. 따라서 관리비 징수 주체가 적극적으로 권리를 행사하여 소멸시효가 중단되었다면 단순히 3년 치의 관리비뿐만 아니라 그 이상의 관리비까지 지급해야 할 수 있으니, 미납 관리비는 무조건 3년 치만 지급하는 것이라고 단정 지어서는 안 된다.

누가 살고 있는지 힌트 얻기

웬만한 물건에서는 경매 서류에서 발견할 수 없던 사람이 갑자기 나타나는 경우가 드물다. 누가 사나를 확인하기 위해 굳이 과한 노력을 기울일 필요는 없다.

다만, 특수물건으로 수익을 내고자 한다면 누가 살고 있는지를 다양하게 조사해볼 필요가 있다. 관리사무소나 경비실 직원이 몇 동 몇 호에 누가 살고 있다고 기억하거나 말해줄 리는 없다. 그래도 자연스러운 대화 속에 그 집에 젊은 부부가 사는지 노부부가 사는지, 누군가 집을 쓰고는 있는지 방치되어 있는지 정도의 힌트는 얻을 수 있다. 이러한 힌트가 모이면 때로는 특수물건 해결의 큰 실마리가 되기도 한다.

외관

쓰레기·폐기물　경매 공부를 열심히 하던 수강생이 있었다. 교통 호재가 알려진 지역에 임장도 없이 빌라 한 채를 덜컥 낙찰받았다. 아무도 응찰하지 않아 단독 낙찰이었다. 낙찰의 기쁨도 잠시, 걱정된 수강생은 부랴부랴 빌라로 가 봤다.

멀리서는 눈에 띄지 않았는데, 필로티 구조로 된 빌라 1층 주차장에 어마어마한 쓰레기와 폐기물이 쌓여있었다. 빌라 주민들에게 물어봤지만 누가 버렸는지도 모르고 아무도 치우려 하지 않는 폐기물이라는 답만 돌아왔다. 인근에 대기업 공장단지가 있어 전세수요가 꽤 풍부한 곳이었지만, 쓰레기 때문에 희망 세입자가 없다시피 했다. 수강생은 낙찰대금을 전세보증금으로 회수해 곧바로 다음 경매 물건을 낙찰받으려 계획했지만, 한동안 세입자를 찾을 수 없어 투자계획에 차질이 생겼다.

누수

건물 내부에 들어가 볼 수 없으니, 누수는 직접 낙찰 받아 문을 열어보기까지 쉽게 알기 어렵다. 다만, 건물 외관만 보더라도 누수의 가능성을 발견할 수 있다. 어떤 낙찰자는 응찰할 건물에 직접 가보니 비가 오지도 않았는데 베란다 쪽 외벽의 색깔이 유독 진하고 물방울도 맺힌 것을 발견했다. 수소문하니 건물 내부에 누수 문제가 있을 수도 있어, 굳이 돈 들여 누수공사까지 할 만큼 매력적인 건물이 아니라고 판단해 응찰하지 않았다.

위반건축물 가능성

위반건축물은 대출이 어렵고, 관할관청에 '이행강제금'을 부담해야 한다. 상가라면 영업허가에도 지장이 있다. 건축물 대장상 '위반건축물'이라는 노란색 표시가 대문짝만하게 되어 있다면 이행강제금이 얼마인지, 양성화를 통해 위반건축물 표딱지를 뗄 수 있는지 확인해야 한다.

그림 18 위반건축물 표시의 예

위반건축물에 해당함에도 관할관청에 아직 적발되지 않은 부동산도 있다. 몇몇 빌라나 주택은 외관만 봐도 이런 건물을 가늠할 수 있다.

빌라나 주택은 대개 주변 건물 일조권 확보를 위해 상층으로 갈수록 사선으로 비스듬하게 지어져야 한다. 콘크리트 건물은 비스듬하게 지어졌지만, 평수를 늘리기 위해 판넬과 같은 비교적 가벼운 소재로 베란다의 벽과 천장을 만든 경우가 있다. 이는 건물 바깥에서도 확연히 구분된다. 건물 상층부에 판넬이나 샷시가 덧붙여 있다고 무조건 위반건축물이라고 단정할 수는 없지만 가능성을 염두에 두고 위반건축물 적발 소지가 있는지 더 확인해야 한다.

인근 환경

대중교통　　　　　　포털사이트에서 거리 검색만 하더라
　　　　　　　　　　　도 경매 물건에서 대중교통을 이용
　　　　　　　　　　　하는 데 얼마나 걸리는지 알 수 있다.
불과 5분 거리에 역이 있다고 해도 계단이 많다거나 가는 길이 협
소하고 위험 시설물이 있다든가 경사가 급하다는 등의 사정은 직
접 걸어보지 않는 이상 알 수 없다.

　대중교통의 접근성은 부동산 향후 가치에도 많은 영향을 미친
다. 실거주는 물론이고 전세를 놓고 갭투자를 할 목적이라면 전
월세 수요를 따져보기 위한 차원에서라도 대중교통 이용을 몸소

체험해보길 권한다.

학원가, 학교

대한민국 부동산의 가치에 가장 큰 영향을 미친다고 해도 과언이 아닌 인근 학교의 학업성취도 및 진학률은 '아실'이라는 부동산 사이트에서 확인할 수 있다. 학원가가 풍부하고, 학교가 가까운 곳이라면 학부모들이 선호해 전세수요가 탄탄하다. 다만, 지도상 학원가와 학교가 가까운 곳처럼 보이더라도 이 역시 직접 걸어봐야 접근성이 좋은지를 제대로 알 수 있다.

악취, 소음, 혐오시설

법원이 나눠주는 서류, 인터넷 검색만으로는 도저히 알 수 없는 부분이다. 낙찰 받고 가봤더니 인근의 어떤 시설로 인해 악취가 심하게 난다는 사례, 주변에 큰 공장이나 공사장에서 쉴 새 없이 소음과 분진이 발생한다는 사례, 아이를 키울 생각에 낙찰 받은 부동산인데 주변에 새벽 늦은 시간까지 영업하는 술집이 많다는 사례. 낙찰을 무르고 싶다며 찾아온 상담자들의 사연이다. 입찰 전 직접 가보기만 하더라도 얼마든지 알 수 있는 내용이다.

chapter **6**

최고가매수
신고인이 되면
해야 할 일

전체 경매기록을
꼭 열람해야 할 때

응찰자 신분으로는 경매기록 전체를 볼 수 없지만, 최고가매수신고인이 되면 경매기록을 열람·복사할 수 있다. 매각허가결정이 있을 때까지 기다리지 말고 바로 경매기록을 확인해 혹시나 공개서류만으로 확인되지 않았던 사정이 있는지, 그래서 낙찰 받은 부동산의 가치에 문제가 없는지를 즉시 확인해야 한다. 경매기록 상 소유자나 현재 살고 있는 임차인의 연락처가 확인되는 경우도 많다. 향후 부동산 인도를 위해 연락처는 확보해두는 게 좋다.

잘못 낙찰 받은 부동산, 무르는 방법

매각허가결정 전 최고가매수신고인의 지위에서는 매각 불허가 신청을 통해, 매각허가결정이 있고 나서는 매각 허가에 대한 이의 및 즉시항고를 통해 매각 허가를 물러달라고 법원에 요청해볼 수 있다. 매각불허가 신청, 매각허가에 대한 이의나 즉시항고가 받아져야만 입찰보증금을 돌려받으면서 낙찰을 무를 수 있다. 그렇지 않으면 낙찰 받아 손해가 클 상황일 때, 입찰보증금을 포기해야 한다. 다만, 매각 허가를 다툴 수 있는 사유는 민사집행법에서 몇 가지로 특정해 열거하고 있다. 관문이 상당히 좁다.

매각허가결정을 뒤집고 싶다는 상담자가 필자에게 찾아올 때

마다 부동산 권리관계에 예상치 못한 중대한 문제가 발생한 때가 아닌 이상 안타깝게도 불허가나 이의신청 사유가 되기는 어렵다고 말하는 경우가 많다.

응찰할 생각이라면 권리관계는 물론 현장을 방문했을 때 예상했던 가치를 해치는 주변 환경 요인은 없는지, 향후 본인이 부동산을 쓰는데 행정절차 상 큰 문제가 없는 부동산인지 등을 조사해야 한다.

매각허가결정이 있고 나서 하게 되는 즉시항고는 공짜로 할 수도 없다. 이미 제출한 입찰보증금 외에 보증금으로 매각대금의 10분의 1에 해당하는 돈을 추가로 내야 한다. 만에 하나 항고가 받아들여지지 않는다면, 보증금에서 항고를 한 날부터 항고 기각 결정이 확정된 날까지의 매각대금에 대한 이자는 제하게 된다.

돌려받지 못한 돈은 빚쟁이들을 위한 배당 재원으로 사용된다. 일반적으로 항고를 하게 되면 결정이 날 때까지 1년 이상 걸린다. 이런 기간까지 고려해보면, 매각허가결정에 대한 항고는 정신적 스트레스와 금전적 손해를 동반하고 이를 감수해야 하는 일이다. 웬만하면 낙찰을 무르지 않도록 사전에 만반의 준비를 거쳐 입찰해야 한다.

법원이 부동산을
팔기로 정하는 시기

매각허가결정   경매법정에 가서 입찰함에 입찰보증
금과 함께 입찰표를 봉투에 넣어 제
출하면, 입찰 당일 대부분 최고가매
수신고인이 결정된다. 제일 비싸게 사기로 한 사람이 정해지면,
일주일 뒤 법원에서 최고가매수신고인에게 부동산을 팔겠다고
결정한다. 이 결정을 '매각허가결정'이라고 한다.

일주일 사이에도 최고가매수신고인은 물론, 채무자_{소유자}, 채권
자가 매각불허가 신청을 할 수 있다. 매각불허가 신청이 있더라
도 특별히 불허가할 사유가 없다면 법원은 바로 매각허가결정을

내린다.

매각허가결정 확정 시기

최고가매수신고인으로 불려도 일주일이 지나야 법원의 매각허가결정이 내려지고, 그로부터 다시 일주일이 지나야 매각허가결정이 '확정'된다. 만약, 집주인이나 경매신청 채권자와 같이 이해관계가 있는 사람들이 일주일 내에 매각허가결정에 이의신청 또는 즉시 항고한다면 매각허가결정은 확정되지 않는다. 이의신청 등에 대한 법원의 결정이 있을 때까지 경매 절차는 멈춘다.

낙찰대금 지급

잔금 납부 기한 매각허가결정이 확정되면, 법원은 대금납부 기한을 정한다. 입찰가에서 입찰보증금을 뺀 나머지 금액을 낙찰자가 지급할 기한을 정하는 것이다. 매각허가결정 확정일로부터 보통 3일 이내에 낙찰자에게 대금 지급 기한의 통지가 이루어지고, 대금납부 기한은 1개월 내로 정해진다. 정해진 기한까지 대금을 납부하면 되니, 기한 전이라도 대금납부는 가능하다.

납부 기한이 지났다면?

대금납부는 기한 전이라도 지급할 수 있다. 그렇다면 지급 기한을 넘겨서도 대금납부가 가능할까? '특정 시점'까지는 지급 기한이 넘어도 납부할 수 있다. 생각했던 것보다 잔금대출이 늦어진다거나 하는 등으로 잔금 마련이 좀 늦어지더라도 너무 걱정할 필요 없다.

재매각기일의 3일 이전까지 대금과 대법원규칙이 정하는 이율에 따른 지연이자와 절차 비용을 지급하면, 부동산의 소유권을 취득할 수 있다. 대법원 규칙이 정하는 비율은 2023년 현재 연 12%이다. 법이 정한 시기를 넘기면 입찰보증금은 몰수되고, 나머지 잔금을 내더라도 부동산 소유권 취득은 어렵다.

경매에서 부동산이 완전히 '내 거' 되는 때

대금을 납부하면 매수인은 부동산의 소유권을 취득하게 된다. 이때 헷갈리면 안 되는 부분이 있다. 바로 매매계약의 경우다. 매수인이 매매대금 잔금을 모두 매도인에게 낸 경우에도 대내외적으로 부동산의 소유권을 취득했다고 할 수 있을까? 아니다. 부동산의 소유권 변동은 원칙적으로 '등기'를 필요로 한다. 매매계약 상 매수인이 매도인에게 매매대금을 모두 지급했다고 하더라도 빨리 등기를 이전해달라고 요청할 권리만 있을 뿐, 자신이 부동산의 소유권을 취득했다고 주장할 수는 없다.

이와 다르게 경매 또는 국세징수법에 따른 공매 절차에는 매각대금을 완납한 때 소유권을 취득할 수 있다. 이는 경·공매만의 '특별한' 소유권 취득 형태라고 이해해야 한다.

낙찰대금 내면 할 수 있는 일

대금 완납 이후에는 법원에 소유권이전등기 촉탁 신청을 할 수 있고, 소유권이전등기가 되지 않았다 하더라도 필요한 경우 소유권자로서 법적 권리를 행사할 수 있다. 낙찰 부동산에서 무단으로 살고 있는 사람에 대한 부동산 인도명령 신청을 할 수 있으며, 법원에 법원에 부동산 인도 소송이나 차임 상당의 부당이득반환소송 등을 제기할 수도 있다.

낙찰대금 납부 후 법원이 하는 일

대금이 완납되면 보통 1개월 내로 배당기일이 지정된다. 다만, 하나의 경매사건으로 여러 개의 부동산을 매각하는 때물건번호가 여러 개인 경우는 다른 부동산이 모두 매각되어야 배당기일이 지정되는 때도 있다. 못 받은 돈을 받아내고 싶어 경매를 신청한 채권자로서는 '배당'을 받아야 최종 목적이 달성되므로, 배당이 이루어져야 비로소 경매는 종료한다.

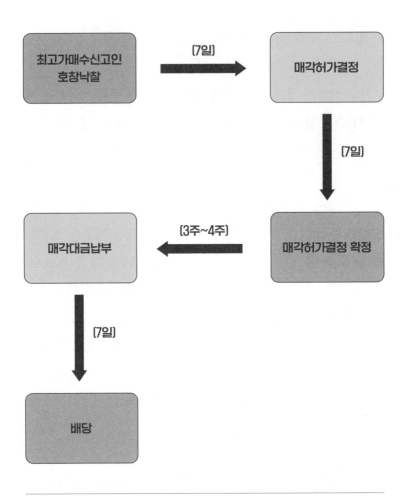

최고가매수신고인
호창낙찰 → [7일] → 매각허가결정

매각허가결정 → [7일] → 매각허가결정 확정

매각대금납부 ← [3주~4주] ← 매각허가결정 확정

매각대금납부 → [7일] → 배당

---

* 잔금 납부를 위한 대출이 가능할지는 응찰 전 단계부터 신중하게 알아봐야 한다. 대출이 어려워 잔금납부가 지연되면 자칫 입찰 보증금을 몰수 당하고 소유권 취득도 불가능해질 수 있다.

그림 19 최고가매수신고인으로 호창된 직후 진행되는 일(법원 외)

chapter 7

낙찰 받은
부동산
인도받기

1

점유자와 첫 만남 시
반드시 해야 할 일

점유자와 연락이 닿으면, 어떤 방식으로 부동산을 인도받을 것인지 이야기를 주고받고, 점유 중인 사람이 도무지 말로 해서는 순순히 집을 내어주지 않을 듯한 강한 뉘앙스를 풍기면 별수 없이 법원의 강제집행 절차를 밟아야 한다.

점유자와의 전화나 문자는 증거로 삼을 수 있는 녹취, 캡처를 해두는 편이 좋다. 될 수 있으면 점유자에게 양해를 구해 낙찰 직후의 부동산 내부를 확인하고 사진도 자세히 촬영해두길 권한다. 그런 상황이 벌어져서는 안 되겠지만, 점유자가 부동산을 훼손하고 집을 비워주는 경우도 드물게 존재한다. 100건 정도라면 1~2건 수

준이다. 만에 하나 있을 훼손으로 인한 법적 분쟁을 대비한다는 차원에서 부동산 내부는 인도 전에 꼼꼼히 확인하는 편이 좋다.

꼭 부동산에 들어가지 못하더라도, 점유자에게 인테리어 공사를 해야 한다거나, 가구를 사야 하는데 집안 구조를 확인하고 싶다며 부동산 내부 사진을 전송받는 것도 한 방법이 될 수 있다.

심화

인도의 베테랑들이 권하는 방법

인도 집행의 베테랑이신 분들과 이야기해보면, 다들 한목소리로 말하는 내용이 있다. 점유자와 오래 줄다리기할 것 없이 적정선(예: 예상되는 강제집행 비용)이라면 이사비를 주더라도 최대한 빨리 합의하라는 것이다. 소송을 해서 먹고사는 변호사로서 법원에 인도명령 신청하여 집행하는 것이 좋겠다고 말할 수도 있지만, 필자도 같은 생각이다.

협상이 돈이 될 수 있는 특수물건이 아니라 일반물건을 낙찰받았을 때, 점유자와 불필요한 언쟁은 하지 말자. 언쟁하며 얻는 스트레스 비용, 소송할 돈으로 이사비 준다 생각하고, 이른 시일 내 합의하는 것이 최선이다.

점유자에게 내용증명 쓰는 방법

점유자가 연락을 계속 피한다면 내용증명을 보내두는 것도 한 방법이다. 내용증명을 가끔 너무 과하게 협박조로 쓰는 사람들도 있다. '내용증명'이라는 제목만으로도 상대방에게는 충분히 심리적 압박을 가할 수 있다. 너무 공격적인 내용증명은 경매로 인해 피로가 큰 점유자를 자극할 뿐이니, 단호하지만 여지를 남겨 언제든 협상할 수 있다는 취지의 내용증명을 작성해 점유자에게 보내보자.

우편으로 보내는 것이 정석이지만, 우체국에서도 집배원이 점유자를 만나지 못하면 내용증명은 점유자에게 도달하지 못하기도 한다. 일부러 안 받는 점유자도 많다. 이때는 집 앞 현관에 붙여두거나 우편함에 꽂아 두는 것도 한 방법이다.

전화 통화는 그때뿐이지만, 내용증명은 종이로 전달되어 점유자가 한편에 치워뒀다가도 어느 날 읽어 볼 수 있다. 또, 음성보다는 활자가 더욱 차분하게 의중을 전달하기도 한다. 내용증명은 꼭 법적 절차를 밟기 전의 사전단계라기보다 협상의 테이블로 상대로 끌어내기 위한 한 전략이 될 수 있다.

내용증명에는 보내는 사람과 받는 사람만 특정되면 될 뿐, 쓸 내용에 정해진 특별한 형식은 없다. 자유롭게 의사를 기재해 우체국에 가서 보내면 된다. 필자가 작성해 본 내용증명의 기본 작성 예는 다음과 같다.

내 용 증 명

제목 : 낙찰 후 법적절차 안내
발 신 : ㅇㅇㅇ
수 신 : ㅇㅇㅇ 서울 ㅇㅇ구 ㅇㅇ로 16 ㅇㅇ아파트 ㅇ동 ㅇ호

> **< 부동산의 표시 >**
> **서울 ㅇㅇ구 ㅇㅇ로 16 ㅇㅇ아파트 ㅇ동 ㅇ호**

본인은 위 부동산을 0000법원 2000타경0000호 부동산임의경매 절차에서 낙찰 받아 잔대금을 납부할 예정인 최고가매수인 입니다. 잔금 납부 후 점유 자인 귀하를 상대로 아래와 같이 법적 절차가 진행될 예정이오니 참고하시기 를 바랍니다.

- 아 래 -

1. [인도명령 및 강제집행비용 청구]
본인은 귀하를 상대로 ㅇㅇ지방방법원에 인도명령을 신청할 예정이며, 인도명 령 결정이 있는 대로, 집행관사무소에 부동산 강제집행을 신청할 예정입니 다. 만약 본인과 귀하가 협의되지 않아 법적 절차에 의해 부동산 인도가 될 경우에는 절차에 소요된 모든 비용(소송비용 및 집행비용, 노무비용, 보관창 고료 등)을 귀하에게 청구할 것입니다.

2. [위 부동산에 관한 부당이득금 청구 및 재산 압류]
본인은 제1항의 강제집행 비용 외에 귀하가 잔금 납부일로부터 위 부동산을 본인에게 인도하는 시점까지 매월 000원에 해당되는 금액을 청구하는 부당 이득금 반환청구 소송을 제기할 예정입니다. 위 판결이 확정되는 즉시 귀하의

재산에 대한 압류결정을 받을 것이며, 해당 금액이 변제되기 전까지 연 12%의 지연이자 또한 청구할 것입니다(법적으로 낙찰자의 소유권 취득일(잔금 납부일)로부터 귀하는 차임 상당의 부당이득 반환의무가 발생합니다).

3. [원만한 협의 가능]

귀하께서는 경매로 인해 지금까지 많은 상처와 스트레스가 있었을 것으로 짐작합니다. 본인 또한 이점에 대해 진심으로 안타깝게 생각하고 있습니다. 하지만 향후 잘못된 정보와 판단으로 낙찰자인 본인과 대립한다면 더 큰 정신적·금전적 피해가 예상됩니다. 귀하와 본인이 원만하게 협의한다면 상기 법적 절차를 모두 생략할 수 있으니 주변의 현명한 조언을 받으시고 판단하시기를 바랍니다.

4. [협의시한]

본 내용증명 수신 후 1주일 이내에 아래 연락처로 연락이 없으면, 본인과 협의할 의사가 없는 것으로 간주하여 상기 모든 법적 절차를 법률 대리인을 통해 진행할 것이오니 참고하시기를 바랍니다.

2000. 00. 00.

위 당사자 0 0 0

연락처 000-000-0000

3

점유자와 합의해야 할 내용

점유자와 이야기가 잘 되었다면 부동산 키를 넘겨주는 시점인도 시점이나 인도에 관한 내용예: 이사비 지급 등을 담아 합의서를 작성해두자. 합의서는 서로의 의무이행에 신뢰를 부여하기도 하고, 위반 시에는 점유자를 상대로 인도 소송이나 인도명령 신청을 하는 데 유리한 자료가 될 수 있다. 일단 가장 중요한 내용은 무단으로 점유하고 있는 사람이 언제 집을 나한테 넘겨줄지 '시점'을 특정해두는 것이다.

현재 부동산 상태가 어떤지 파악하고 현 상태대로 훼손 없이 인도하기로 하는 약속도 해두면 좋다. 미납된 관리비나 수도·전기세가 있다면, 이에 대해서도 어떻게 합의했는지 합의서에 기재해 두자. 그 외에 점유자가 합의 시점 이후에도 부동산에서 나가지 않을 시, 부동산에서 나갈 때까지 발생한 차임을 합산해 이를 청구하겠다는 내용도 써두면 도움이 된다.

합 의 서

본 합의서는 서울 00시 00구 00로 5, 114동 제5층 502호(00아파트)(이하 '본건 부동산' 이라고 한다.)**에 관하여 소유자 000**(이하 '갑'이라고 한다.)**과 점유자 000**(이하 '을'이라고 한다.) **사이의 합의에 따라 작성한다.**

1. 을은 갑에게 2023. 11. 20. 본 건 부동산을 조건 없이 인도하기로 확약한다.

2. 을은 2023. 11. 20.까지 가스, 전기, 수도비 등의 본건 부동산과 관련한 각종 공과금을 정산한다.

3. 을이 제1.항의 내용에도 불구하고 본 건 부동산을 인도하지 않을 경우, 을은 갑에게 갑이 본 건 부동산의 소유권을 취득한 2023. 11. 10.부터 본 건 부동산에 대한 을의 점유 종료일까지 매월 1,000,000원(예: 감정가*기대이율 5%/12)의 비율에 의한 금원을 지급하기로 한다.

4. 을이 제1.항의 내용에도 불구하고 본 건 부동산을 인도하지 않아, 갑이 을을 상대로 인도명령(또는 인도소송)을 진행해 강제집행절차에까지 이르게 될 경우, 을은 위 절차에 드는 모든 소송비용 및 집행비용, 노무비용, 보관창고료 등을 갑에게 지급하기로 한다.

2023. 11. 10.

갑: 0 0 0(123456-*******) (인)
　　　서울시 00구 00로 99, 202-가7호(00동, 00프라자)

을: 0 0 0(234567-*******) (인)
　　　서울 00시 00구 00로 5, 114동 제5층 502호(00아파트)

그림 20 합의서 샘플

마지막 수단,
강제집행

소송보다 간편한　　　합의서도 쓰지 못한 상태에서 어영
부동산 인도명령　　　부영 잔금까지 납부하게 되었다면,
　　　　　　　　　　　그때는 경매법원에 부동산 인도명령
신청서를 제출하면 된다. 일반적인 부동산 소유자라면, 내 집에
살고 있는 무단 점유자를 상대로 법원에 '건물 인도 소송'을 해야
한다. 소송은 법원에 가서 판사 얼굴을 보고 한두 달에 한 번씩 잡
히는 변론기일을 여러 차례 거쳐야 해서 판결까지는 시간이 오래
걸린다. 경매 절차에서는 낙찰자가 소송에 비해 간편한 인도명령
으로 낙찰 받은 부동산을 인도받을 수 있다. 법원에 가서 양 당사
자가 판사를 만나는 변론기일을 잡지 않아도 되기 때문에 절차가

신속하게 진행된다는 것이 특징이다.

신청에 시간제한 있는 인도명령

부동산 인도명령은 매각대금을 모두 납부한 다음, 낙찰자가 무단으로 부동산에 살고 있는 사람을 상대로 제기할 수 있다. 매각허가결정 확정 및 매각대금의 완납만 이루어지면 부동산 인도명령 신청이 가능하며, 등기사항증명서상 아직 소유권 이전 등기를 완료하지 않았어도 신청할 수 있다. 다만, 매수인이 대금을 낸 뒤 6월 내에 신청하도록 민사집행법이 규정하고 있으니, 시기를 주의해야 한다.

인도명령 상대방 특정하기

인도명령 상대방은 신청 당시 부동산에 살고 있는 사람으로 한다. 보통은 매각물건명세서나 점유현황조사서에 특정된 사람이 상대방이 된다. 그러나 인도명령 신청 시점에 점유자가 아니라 제3자가 점유하고 있다면, 제3자를 상대로 인도명령 신청을 해야 한다. 대항력이 없는 임차인이 인도를 거절하고 가족과 함께 부동산에서 계속 살고 있다면 인도명령 신청의 상대방은 누구로 특정하면 될까? 이론적으로는 별개의 권리가 있지 않은 이상 임차인의 가족까지 피신청인으로 지정할 필요는 없다고 한다. 그러나 집행단계에서 문제가 되지 않으려면 필자

경험상 점유가 확인되는 성년의 점유자라면 일단 모두 피신청인으로 특정해놓는 편이 좋다.

인도명령으로 점유자를 내보내는 절차

신청서가 법원에 접수되면, 법원은 상대방인 점유자에게 낙찰자의 인도명령 신청 사실을 알리게 된다. 정말 아무런 법률적 근거도 없이 사는 점유자라면, 인도명령이 나기 직전 또는 결정이 내려진 직후 주위에 조언을 얻어 알아서 이사를 나가기도 한다. 인도명령이 내려졌다고 해서 낙찰자가 원하는 때 바로 집행할 수는 없다. 인도명령 결정문이 일단 상대방에게 전달되어야 한다.

낙찰자가 강제집행을 신청하면 정식 집행에 앞서 집행관이 집 앞에 방문해, 언제까지 자율적으로 나가기를 바란다는 취지의 '계고장'을 붙인다. 대개의 점유자는 자신들이 살던 곳에서 강제로 쫓겨 나가는 상황을 마주하고 싶어 하지 않는다. 계고장이 붙으면 웬만한 점유자는 낙찰자에게 전화를 걸어온다. 그러나 정말 오도 가도 할 수 없는 상황의 몇몇 점유자들은 끝끝내 법원의 강제집행으로 집을 비워주기도 한다. 만약 점유자의 짐이 너무 많고 점유자 스스로 물건을 치워줄 여력도 되지 않으면, 낙찰자는 어쩔 수 없이 창고 보관 비용을 감당하면서 점유자의 짐을 창고에 보관해야 한다.

보증금을 '배당' 받는 임차인이 나가야 하는 때

경매 절차에서 확정일자가 있어 배당을 요구한 임차인으로 보증금을 배당 받는 경우라면, 배당기일까지는 부동산에서 거주할 수 있다. 임대차보증금을 받아야 임차인도 나갈 집을 구할 수 있으니 인도적인 차원에서 보더라도 당연한 일이다.

임대차보증금을 전액 배당 받는 임차인이라면 경매법원에서 배당금을 내주는 조건으로 낙찰자로부터 받은 '명도확인서_{집에서 임차인이 이사 나갔음을 낙찰자가 확인해준 문서}'를 요구한다. 배당 받는 임차인이 명도 확인서를 받아 갔음에도 집을 비우지 않는다면, 이때는 인도명령을 신청해 강제집행을 할 수 있다.

경매로 주택이나 아파트를 낙찰 받고 싶다면 눈여겨봐야 할 부분이 있다. 경매 부동산에 '임차인'이 있는가이다. 그냥 내보낼 수 있는 임차인도 있지만, 전 집주인한테 못 받은 보증금을 낙찰자가 돌려줘야 내보낼 수 있는 임차인도 있다. 어떤 임차인이 낙찰자에게 보증금을 돌려달라고 할 수 있는지 알아야 한다.

PART 2

보증금이 관건인
임차인이 있는 부동산

chapter 1

주택임대차
보호법이 정한
임차인의 힘

낙찰자가 왜
보증금을 떠안을까?

마음에 드는 아파트가 경매에 나왔다. 매각물건명세서를 보니 어떤 임차인이 살고 있다. 전 집주인에게 보증금 2억 원을 줬다고 한다. 낙찰 받으면 임차인은 무조건 집에서 나가는 건지, 전 집주인에게 줬다는 2억 원은 임차인이 누구한테 받을지 궁금해진다.

무조건 나가야 하는 임차인도 있다. 반면, 낙찰자가 2억 원을 물어줘야 집에서 나가는 임차인도 있다. 임차인 마음대로 하는 건 아니다. 주택임대차보호법상 '대항력'이 있는 임차인은 낙찰자가 2억 원을 줄 때까지 집에서 안 나간다. 낙찰자가 받지도 않은 보증금을 왜 물어줘야 할까?

홍길동의 집에 전우치가 세 들어 살고 있다. 전우치는 홍길동과 임대차 계약을 체결하고, 보증금을 줬다. 임대차 기간이 끝나 전우치가 집을 나가려 할 때 전우치에게 보증금을 돌려줘야 할 사람은 누구일까? 계약에 따라 보증금을 받아 간 홍길동이다. 받은 사람이 돈을 돌려줘야 하는 것은 당연하다.

임대차 계약
보증금 1억원

홍길동(집주인)   전우치(세입자)

그림 1 임대차 계약

그렇다면 이 경우는 어떨까? 홍길동이 임꺽정에게 임대차 기간 중 집을 팔았다. 집주인이 홍길동에서 임꺽정으로 바뀌었더라도 전우치와 임대차 계약을 체결하고 돈을 받아 간 사람이 홍길동이라는 사정에는 변함이 없다. 전우치는 보증금을 받아 간 홍길동에게 보증금을 달라고 해야 한다.

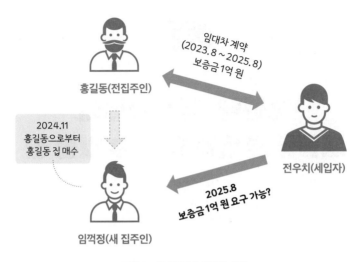

그림 2 새 집주인과 임대차 계약

그런데 주택임대차보호법상 전우치가 '대항력'을 행사할 수 있는 임차인이라면 이야기가 달라진다. 전우치가 주택임대차보호법상 대항력에 필요한 조건을 잘 갖추어 임꺽정이 소유권을 취득하던 당시에도 유지하고 있었다면, 새 집주인인 임꺽정에게 보증금을 돌려달라고 할 수 있다.

대항력을 보유한 임차인이 있는 집을 낙찰 받으려면 매매 시세에서 인수하는 보증금을 빼고 응찰가를 정해야 한다. 대항력이 있는 임차인이 경매에서 보증금을 받고 나가겠다고 하는 경우도 있다. 이 때는 임차인이 경매에서 배당받지 못해 낙찰자한테 달라고 할 보증금이 있지 않은지 분석해서 입찰가에 반영해야 한다.

대항력, 낙찰자한테
보증금을 달라고 할 수 있는 힘

'대항력'이 있다는 건, 다름 아닌 낙찰자한테 대항할 수 있다는 뜻이다. 그렇다면 낙찰자한테 무엇을 대항할 수 있다는 걸까? 바로, 전 집주인과 체결한 임대차 계약의 내용을 새로운 집주인인 낙찰자에게 주장할 수 있다는 것이다. 크게 두 가지로 나눠볼 수 있다.

임대차 계약은 임차인이 임대차 기간에 임대인의 부동산에서 살기 위해서 한다. 새 집주인이 등장하더라도 대항력이 있는 임차인은 임대차 기간이 남았다며 기간 만료 시점까지 임차한 건물을 계속 사용하겠다고 주장할 수 있다.

또한, 임대차 계약이 종료했을 때, 임차인은 전 집주인이 아니라 새로운 집주인^{낙찰자}에게 임대차 계약상 임대차보증금 전액을 돌려달라고 요구할 수 있다.

🔭 심화

전 집주인에게 보증금을 달라고 할 수 있을까?

대항력이 있는 임차인이 있는 줄 모르고 보증금을 빼지 않고 덜컥 시세대로 낙찰받았다가 거액의 보증금을 떠안게 된 낙찰자들이 하는 질문이 있다. 본인이 임차인에게 보증금을 내주고 전 집주인에게 그 돈을 돌려달라고 할 수 있겠는지다. 안타깝지만 그럴 수 없다. 낙찰자가 임차인에게 돌려준 돈은 전 집주인을 '대신해서' 준 돈이 아니다. 낙찰자는 자기 빚을 해결한 것뿐이다. 어떤 식으로든 그 누구에서도 돌려받을 수 없다. 선순위 임차인이 있는 물건을 신중하게 파악해 낙찰 받아야 하는 이유다.

대항력이 있는 임차인이 있는 물건을 낙찰 받은 순간, 낙찰자는 전 집주인을 뻥 차고 자신이 '임대인'의 자리로 들어간다. 법률적 용어로는 임대인의 지위를 승계한다고 표현한다. 전 집주인은 경매로 소유권을 잃는 순간, 대항력이 있는 임차인과의 임대차 관계에서 완전하게 자유로워진다. 낙찰자가 인수한 보증금을 임차인에게 돌려준 건 자기 빚을 갚은 것이다. 전 집주인의 채무를 대신 갚았다고 할 수 없다.

우선변제권, 뒷순위보다 먼저 보증금을 달라는 권리

우선변제권이란? 임차인은 주택임대차보호법상 대항력과 함께 계약서에 확정일자를 받아 배당절차에서 우선변제권을 행사할 수 있다. 우선변제권을 행사한다는 건 경매 절차상 보증금을 받아 가겠다는 뜻이다. 임차인이 보증금을 모두 배당받으면 낙찰자로서는 낙찰대금을 낸 것으로 끝이다. 임차인에게 따로 보증금을 줄 일이 없다. 임차인이 우선변제권을 행사했는지는 매각물건명세서에 표시된다.

서 울 지 방 법 원							2023타경

매각물건명세서

사 건	2023타경 부동산임의경매		매각물건번호	1	작성일자	2023.08.28	담임법관(사법보좌관)	
부동산 및 감정평가액최저매각가격의 표시	별지기재와 같음		최선순위설정	2021.01.12. 근저당권		배당요구종기	2023.08.08	

부동산의 점유자와 점유의 권원, 점유할 수 있는 기간, 차임 또는 보증금에 관한 관계인의 진술 및 임차인이 있는 경우 배당요구 여부와 그 일자, 전입신고일자 또는 사업자등록신청일자와 확정일자의 유무와 그 일자

점유자성 명	점유부분	정보출처구 분	점유의권 원	임대차기간(점유기간)	보 증 금	차 임	전입신고일자·외국인등록(체류지변경신고)일자·사업자등록신청일자	확정일자	배당요구여부(배당요구일자)
	808호전부	현황조사	주거임차인	미상	미상	미상	2020.07.24.	미상	
	808호전부	권리신고	주거임차인	2020.07.24.-	504,000,000		2020.07.24.	2020.06.30.	2023.08.04

그림 3 임차인의 배당요구

대항력이 있는 임차인이 우선변제권을 행사했음에도 낙찰대금에서 보증금을 배당 받지 못하면, 못 받은 보증금을 낙찰자한테 요구한다. 우선변제권을 행사한 임차인이 경매 절차에서 배당을 잘 받을지 분석할 줄 알아야 하는 이유다.

임차인이 배당 받는 순위는 확정일자에 따른다. 임차한 건물에 들어가 살며 주민등록을 마쳐두고, 임대차 계약서에 '확정일자'까지 받아두면 확정일자와 등기상 다른 채권자들의 등기 일자로 순위를 비교한다. 임차인은 뒷순위에 돈 받을 사람보다 우선해서 보증금을 배당 받을 수 있다. 다른 권리와의 순위는 확정일자 부여일을 기준으로 삼지만, 확정일자를 입주주택의 점유 및 주민등록과 같은 날 또는 그 이전에 갖추었다면 우선변제를 받을 수 있는 권리는 인도집에 이사 들어간 날와 주민등록을 마친 다음날을 기준으로 한다. 즉, 확정일자

를 갖춘 임차인의 우선변제권은 대항요건 및 확정일자를 모두 갖춘 때에 발생하므로 '확정일자 부여일'과 '인도와 주민등록을 마친 다음 날'을 비교해 더 늦은 날이 우선변제권의 기준일이 된다.

우선변제권을 행사해도 보증금을 못 받는 경우

대항력이 있는 임차인이 우선변제권을 제대로 행사했음에도 보증금을 받지 못하는 가장 흔한 예는 임차인이 주장하는 보증금이 매매시세보다 비쌀 때다. 공부를 조금 한 응찰자라면 이런 부동산은 낙찰받지 않는다. 임차인이 경매에서 배당 못 받은 보증금은 낙찰자한테 요구하므로, 결국 매매 시세보다 비싸게 부동산을 사게 되기 때문이다. 등기사항증명서만 봐서는 도무지 임차인보다 앞순위로 배당받을 사람이 없어 보이는데 법원이 앞순위로 돈 받아 갈 사람이 있다며 임차인보다 먼저 배당해주는 때도 있다. 흔하진 않다. 낙찰자로서는 낭패다. 배당에 문제가 있어 법원이 바로잡아야 하는 경우라면 다행이지만, 법원 배당이 잘못되었을 때는 드물다.

가장 많이 접하는 예는 등기부에서 확인할 수 없는 조세채권이나 각종 공과금채권 때문이다. 응찰하려는 사람으로서는 도무지 미리 확인이 어려운 경우다. 약간의 힌트를 얻을 수 있거나 애초에 이런 상황이 염려되어 피해야 할 부동산이 있다. 이는 뒤에서 따로 자세히 살펴보겠다.

4

최우선변제권,
맨 먼저 보증금을 달라는 권리

보증금이 일정액 이하라면 확정일자를 받지 않고도 다른 모든 사람보다 가장 앞서 경매 절차에서 돈을 받아 갈 수 있다. 순서 상관없이 가장 먼저 배당 받는다고 하여 '최우선' 변제권이 있다고 한다.

소액임차인을 실무에서 만나는 예는 크게 두 가지다. 이미 집을 담보로 돈을 많이 빌린 집주인이 임차인을 들이는 때집이 경매로 넘어가면 임차인보다 먼저 돈을 받아 갈 사람이 있는 상황이다. 빚쟁이가 먼저 돈을 받아 가더라도 남을 것으로 예상되는 범위 안에서 보증금을 정하거나, 아예 빚쟁이보다 먼저 받아 갈 수 있도록 법이 보호해주는 범위의 보증금을 정한다. 또는 애초에 집의 시세가 낮아 임대차계약상 보증금 시세 역시 낮게 책정된 경우를 들 수 있다. 전자라면 대항력 행사를 못 하니 낙찰자가 신경 쓸 필요가 없다. 경매가 끝나는 대로 나가야 한다. 후자라면 대항력도 동시에 있을 수 있다. 이 때는 임차인이 경매 절차에서 배당요구를 잘하였는지, 최우선변제권 행사로도 못 받는 보증금이 있는지 확인해야 한다. 소액임차인이 확정일자도 따로 갖춰놨다면 최우선변제권으로 받지 못한 보증금은 우선변제 순위에 따라 받는다.

소액임차인에 해당하면 제일 먼저 보증금을 받아 갈 수 있지만, 배당은 주택 가액 2분의 1 범위 내에서만 받아 갈 수 있다. 소액임차인이 생기기 전에 이미 집에 돈을 빌려주고 근저당권을 설정한 사람이 있다면, 근저당권자가 예상할 수 있었던 최우선 변제 금액만 받아 갈 수 있다. 즉, 근저당권 설정 당시에 시행되던 법에 따라 최우선 변제를 받을 수 있는 보증금의 한도액까지만 가장 먼저 받아 갈 수 있다. 소액임차인에 해당하려면 보증금이 법에서 정한 것 이하여야 하고, 주택의 점유와 주민등록을 첫 경매개시결정 전에 갖추어야 한다. 경매 절차에서 보증금을 달라고 적법하게 요구해야 한다.

보증금이 얼마여야 하는지 그중 얼마를 순서 상관없이 가장 먼저 경매 절차에서 받아 갈 수 있는지는 지역별로 다른데, 점점 그 금액이 늘어나는 추세다. 자주 개정되므로 주택임대차보호법 시행령을 참고하는 것이 좋다. 2023년 서울 기준, 보증금이 1억 6,500만 원 이하라면 5,500만 원까지는 최우선적으로 돌려받을 수 있다.

다른 지역은 국가법령정보센터www.law.go.kr에서 주택임대차보호법 시행령을 검색하여, 제10조와 제11조를 살펴보면 알 수 있다.

심화

지역별 소액임차인 보증금 범위와 우선변제 금액

2023. 11. 기준으로 아래 구분에 따른 기준 금액을 보증금으로 지불한 임차인이 소액임차인에 해당한다.

<소액임차인의 범위>

구분	기준 금액
서울특별시	1억6천500만 원 이하
「수도권정비계획법」에 따른 과밀억제권역(서울특별시 제외), 세종특별자치시, 용인시, 화성시 및 김포시	1억4천500만 원 이하
광역시(「수도권정비계획법」에 따른 과밀억제권역에 포함된 지역과 군지역 제외), 안산시, 광주시, 파주시, 이천시 및 평택시	8천500만 원 이하
그 밖의 지역	7천500만 원 이하

*과밀억제권역 : 1. 서울특별시 2. 인천광역시[강화군, 옹진군, 서구 대곡동 · 불로동 · 마전동 · 금곡동 · 오류동 · 왕길동 · 당하동 · 원당동, 인천경제자유구역(경제자유구역에서 해제된 지역을 포함한다) 및 남동 국가산업단지는 제외한다] 3. 의정부시 4. 구리시 5. 남양주시(호평동, 평내동, 금곡동, 일패동, 이패동, 삼패동, 가운동, 수석동, 지금동 및 도농동만 해당한다) 6. 하남시, 7. 고양시, 8. 수원

시, 9. 성남시, 10. 안양시, 11. 부천시, 12. 광명시, 13. 과천시, 14. 의왕시, 15. 군포시, 16. 시흥시[반월특수지역(반월특수지역에서 해제된 지역을 포함한다)은 제외한다]

소액임차인이 우선변제를 받을 수 있는 금액은 보증금 중 다음의 구분에 따른 금액이다. 이 경우 우선변제금액이 주택가격의 2분의 1을 초과하는 경우에는 주택가격의 2분의 1에 해당하는 금액을 변제받는다.

<우선변제 금액>

구분	우선변제금액
서울특별시	최대 5천500만 원
「수도권정비계획법」에 따른 과밀억제권역(서울특별시 제외), 세종특별자치시, 용인시, 화성시 및 김포시	최대 4천800만 원
광역시(「수도권정비계획법」에 따른 과밀억제권역에 포함된 지역과 군지역 제외), 안산시, 광주시, 파주시, 이천시 및 평택시	최대 2천800만 원
그 밖의 지역	최대 2천500만 원

임차인이 있는 부동산의
유형과 해결법

**대항력과 우선변제권
모두 갖춘 임차인**

임차인 대부분은 대항력과 우선변제권을 동시에 갖추고 있다. 경매로 넘어간 부동산의 시세가 보증금보다 높고, 등기부에서 확인되는 다른 채권자보다 임차인의 우선변제권 순위가 앞선다면 웬만해선 임차인이 '배당요구'를 한다. 경매 절차에서 보증금을 다 배당 받는 것을 기대할 수 있기 때문이다. 낙찰자가 낙찰대금을 낸 뒤 배당기일에 임차인이 보증금을 받으면, 낙찰자는 임차인에게 부동산에서 나가라고 할 수 있다. 뜻하지 않게 임차인이 보증금을 다 받지 못하는 때도 있는데, 임차인이 대항력을 행사할 수 있으므로 낙찰자가 남은 보증금을 다 물어줘야 한다. 드물지만 배당요구를 안 하고 대항력 행사만 하는 임차인도 있다. 이 때는 별 수 없이 낙찰자가 보증금을 다 물어줘야 한다.

해결법

낙찰대금을 모두 냈더라도 우선변제권을 행사한 임차인이 보증금을 배당받아야 나가라고 할 수 있다. 경매법원에서는 보증금을 전액 배당 받는 임차인에게 낙찰자로부터 '명도확인서'를 받아올 것을 요구한다. 낙찰자는 배당기일에 임차인이 이사 나가는 것을 확인하며 명도확인서를 써준다. 법원에 명도확인서를 내야 보증금을 받기 때문에 그럴 가능성이 낮지만 만약에라도 보증금을 배당받은 임차인이 낙찰 받은 부동산에서 나가지 않는다면 낙찰자는 부동산인도명령을 신청해 강제집행으로 내보낼 수 있다.

임차인이 배당기일에 보증금을 일부만 받으면 법원에서는 명도확인서를 굳이 요구하지 않는다. 낙찰자가 남은 보증금을 주면서 나갈 것을 요청해야 한다. 우선변제권이 있지만 행사하지 않고 대항력만 행사한 임차인이 있는 때도 마찬가지로 보증금을 돌려주면서 나가라고 요청해야 한다.

대항력만 있는 임차인

낙찰자가 무조건 보증금 전액을 떠안는다. 보증금이 얼마인지 확인해서 떠안을 보증금을 빼고 입찰가를 써야 한다.

해결법

낙찰자가 보증금을 돌려주면서 임차인에게 나가라고 요청해야 한다. 임대차 기간이 남아 있는 임차인이 남은 기간 동안 더 거주하겠다고 하면 기간이 종료해야 나가라고 할 수 있다.

대항력은 없고 우선변제권만 있는 임차인

대항력이 없어 낙찰자가 신경 쓸 필요가 없는 임차인이다. 임대인이 집을 담보로 대출받은 뒤, 임차인을 들이는 때가 있다. 집 시세가 15억 원이라면 은행으로부터 3억 원가량 대출받고, 후속하여 임차인을 들인다. 집주인^{또는 공인중개사}은 집 시세가 15억 원이고 은행에서 대출받은 돈은 3억 원밖에 되지 않으니 우선변제권만 설정해 놓으면 최대 12억 원 정도는 전세보증금으로 줘도 위험하지 않다고 설명한다. 이 집에 10억 원의 전세보증금을 주고, 주민등록, 전입^{주택의 점유}, 확정일자를 갖춘 임차인이 2순위 우선변제권이 있다고 해보

자. 경매로 집이 넘어갔을 때 임차인은 우선변제권에 근거해 배당요구를 할 수 있다. 집이 14억 원에 낙찰됐다면, 은행이 1순위 대출금 3억 원을 받은 뒤 남은 11억 원에서 임차인은 우선하여 보증금 10억 원을 회수할 수 있다. 부동산 시세가 떨어져 보증금을 모두 회수하지 못하더라도 낙찰자한테 남은 보증금을 달라고 할 수 없다.

해결법

법률적으로는 대항력이 없으니 배당 받는 것을 기다릴 필요 없이 낙찰대금 납부 직후 나가라고 요청할 수 있다. 그러나 임차인도 보증금을 돌려받아야 다른 집으로 이사할 수 있는 만큼, 보증금을 모두 배당 받는 임차인이라면 배당기일 즈음해서 나가달라고 요청한다. 대항력이 없으니 나가지 않는다면 인도명령 신청 대상이다.

대항력과 우선변제권 모두 없는 임차인

집주인이 이미 집을 담보로 많은 대출을 받은 뒤 들이는 단기 또는 월세 임차인이 이에 해당할 수 있다. 낙찰자한테 집에서 더 살겠다거나 보증금을 내놓으라고 할만한 아무런 법적인 근거가 없다. 낙찰자가 소유권을 취득하면 건물에서 나가야 한다.

chapter 2

주택임대차보호법
적용 범위

1

건물

주택임대차보호법의 적용대상

주택임대차보호법은 '주거용 건물'의 임대차에 관하여, '국민' 주거생활의 안정을 보장함을 목적으로 한다. 임차 주택의 '일부'가 주거 외의 목적으로 사용되더라도 주된 목적이 주거용 건물에 대한 임대차라면 법의 적용을 받아 보호 될 수 있다.

사무실에서 산 임차인, 보증금 돌려줘야 할까?

응찰하려는 하는 부동산이 건축물대장이나 등기상 '사무실또는 상가'인데 엉뚱하게도 임차인이 거주하는 주택으로 사용되고 있다. 이런 곳에서 살고 있는 임차인의 보증금도 낙찰자가 돌려줘야 할까?

주택임대차보호법에서는 임차 주택이 관할관청의 허가를 받은 건물인지, 등기를 마친 건물인지를 구별하지 않는다. 건물 등기 사항증명서상 건물 내역이 반드시 주거용건물에 해당할 필요도 없다. 등기나 건축물 대장상 사무실을 주거로 사용했다 하더라도 대항력 필요 조건을 갖춘 임차인에게 낙찰자는 보증금을 내줘야 한다.

사람, 회사(법인)

외국인　　　　　　　　주택임대차보호법은 '국민' 주거생
활의 안정을 위해 제정되었다. 그렇
다면 국민이 아닌 외국인도 보증금
을 낙찰자한테 달라고 할 수 있을까? 낙찰자한테 보증금을 요구
하려면 필요한 것이 임차 건물에 대한 인도와 전입신고주민등록다.
외국인도 주민등록이 가능할지부터가 궁금해진다.

　외국인은 외국인등록, 체류지 변경신고 등을 해두면, 주민등록
과 같은 법적 효과가 인정된다. 최근 들어 경매를 진행하는 법원
은 매각물건명세서에 외국인이 주민등록에 준하는, 대항력에 필

요한 조건을 갖추었는지 함께 표시한다.

서 울 　　　 지 방 법 원									2020타경	
매각물건명세서										
사 건	2020타경 2022타경 		매각 물건번호	1	작성 일자	2023.07.12	담임법관 (사법보좌관)			
부동산 및 감정평가액 최저매각가격의 표시	별지기재와 같음		최선순위 설정		2019.05.29. 압류		배당요구종기		2021.02.15	
부동산의 점유자와 점유의 권원, 점유할 수 있는 기간, 차임 또는 보증금에 관한 관계인의 진술 및 임차인이 있는 경우 배당요 구 여부와 그 일자, 전입신고일자 또는 사업자등록신청일자와 확정일자의 유무와 그 일자										
점유자 성 명	점유 부분	정보출처 구 분	점유의 권 원	임대차기간 (점유기간)	보 증 금	차 임	전입신고 일자·외국인 등록(체류지 변경신고)일 자·사업자등 록신청일자	확정일자	배당 요구여부 (배당요구일자)
		권리신고	주거 임차인		190,000,000				2021.07.12
	전부	등기사항 전부증명 서	주거 주택임차 권자	2018.04.16.-	190,000,000		2018.04.16.	2018.03.19.	
	본건 건물의 전부	현황조사	주거 주택임차 권자	2018. 4. 16.부터	1억9천만원	없음	2018. 4. 16.	2018. 3. 19.	
〈비고〉									

※ 최선순위 설정일자보다 대항요건을 먼저 갖춘 주택·상가건물 임차인의 임차보증금은 매수인에게 인수되는 경우가 발생 할
수 있고, 대항력과 우선변제권이 있는 주택·상가건물 임차인이 배당요구를 하였으나 보증금 전액에 관하여 배당을 받지 아니한
경우에는 배당받지 못한 잔액이 매수인에게 인수되게 됨을 주의하시기 바랍니다.

그림 4 외국인등록 일자의 표시

회사(법인)

회사는 어떨까? 기본적으로 회사[법인]는 주택임대차보호법 적용을 받기 쉽지 않다. 회사가 주민등록을 하고, 집에서 산다는 것을 가정하기 어렵기 때문이다. 다만, 예외는 있다. 저소득층 무주택자에게 전세임대주택을 지원하는 회사[법인]가 주택을 임차한 후 해당 법인이 선정한 입주자가 주택을 인도받고 주민등록을 하면, 회사[법인]가 직접 낙찰자에게 보증금을 달라고 할

수 있다. 실무를 다루다 보면 LH, SH, GH가 위의 예에 해당하는 때가 많다.

또한, 중소기업기본법상 중소기업에 해당하는 법인이 선정한 직원이 주택을 인도받고 주민등록 마친 경우도 중소기업이 대항력을 인정받을 수 있다. 중소기업이 아닌 이름을 알만한 대기업이 직원 숙소로 이용하기 위해 임대차 계약을 체결하는 경우 대항력을 행사하기 쉽지 않아, 월세로 임대차 계약을 체결하거나 전세권 등기를 해두는 편을 더 많이 볼 수 있다.

대기업과 직원이 공동임차인

이름을 알만한 규모가 큰 회사가 직원과 '공동임차인'이 되어 임대차 계약을 체결하는 때도 있다. 이 때, 회사와 직원이 부담한 보증금이 나뉜다면, 법에서 보호하는 특정한 회사법인가 아닌 이상 직원이 낸 보증금에만 대항력 행사가 가능한 것이 아닌지 의문이 든다.

전체 보증금 2억 원 중 법인이 1억 3천만 원, 직원이 7천만 원을 지급하기로 하는 아파트 임대차 계약을 체결했고, 직원이 전입신고를 하고 아파트에 거주했다고 해보자. 이 아파트를 낙찰 받으면 인수하는 보증금은 얼마일까? 전입신고를 하고 거주한 직원이 보증금 7천만 원만 부담했으니, 직원이 지급한 7천만 원만 인수하면 될까?

아니다. 대법원은 주택의 공동임차인 중 1인이라도 법에서 정한 대항력 필요 조건을 갖추면 공동임차인 중 1인이 취득한 대항력이 임대차 전체에 미친다고 본다. 낙찰자가 인수하는 보증금은 직원이 지급한 7천만 원이 아니라 회사가 지급한 1억 3천까지 포함한 2억 원이다.

매각물건명세서에서 회사^{법인}가 '공동' 임차인으로 보증금 일정 부분에 대한 권리가 있다는 취지의 내용이 보인다면, '회사'는 대항력 행사가 어려우니 보증금 떠안을 게 없다고 볼 것이 아니라, 회사 아닌 다른 공동임차인의 전입신고와 거주 시점이 말소기준권리보다 앞서는 이상 보증금 전액을 인수할 수 있다고 보는 것이 안전하다.

임대차 계약

**잠깐 거주하려고
맺은 임대차 계약**

주택임대차보호법은 일시 사용을 위한 임대차 계약에는 적용이 배제된다. 다만, 일시 사용을 위한 임대차 계약이 무엇이라고 법에서 기준을 정하진 않았다. 몇몇 사례를 통해 대략의 기준을 살펴보자.

① 임대차 기간이 종료하고 새 임차인을 구할 때까지만 구 임차인이 일시적으로 사용하기로 한 임대차 계약
② 보증금 없이 4개월짜리 임대차 계약을 체결하면서 차임 또한 두 번만 내기로 약정하고 4개월 후에는 두말없이 임차인이 건

물에서 나가기로 한 임대차 계약

③ 임대인은 통상적인 임대차계약을 원했지만, 임차인이 임대인에게 먼저 제안하여 6개월짜리 임대차 계약을 체결하기로 하면서 6개월 치 차임을 선지급하기로 하는 임대차 계약

위와 같은 사례는 '일시 사용 임대차' 계약에 해당한다는 판결이 있었다.

부부, 부모 자식, 형제 자매간 임대차 계약

부부간에는 민법상 동거의무, 부양의무가 있으므로 임대차 계약 자체가 성립할 수 없다고 보는 견해도 있다.

실무를 하면서 부모·자녀, 형제·자매간 임대차 계약을 체결했다고 주장하는 때는 봤어도 부부 사이에 임대차 계약을 체결했다고 주장하는 사례는 거의 보지 못했다. 필자는 부부간 임대차 계약도 다른 가족과의 임대차 계약과 마찬가지로 결국 보증금을 실제로 주고받았다고 볼 수 있는 사실관계가 있는지가 관건이라고 생각한다.

낙찰자가 임차인을 상대로 낙찰 받은 집에서 나가달라고 진행하는 소송이 '건물 인도 소송'이다. 임차인을 상대로 가장 먼저 증거를 제시하라고 촉구하는 부분은 실제로 '보증금'을 지급하였는지이다.

부부간 임대차 계약에서는 이 첫 번째 관문부터 입증이 어렵다. 남편과 부인이 같이 살지 않고 별개의 재산을 소유한 상태에서, 서로와 무관한 계좌에서 보증금을 지급한다는 것은 웬만한 부부 관계에서 발생하기란 어려운 일이다.

부모·자녀 간, 형제·자매간도 마찬가지이다. 재산 관계가 서로 독립되어 있고 실제로 보증금을 주고받은 사정 등이 입증된다면, 대항력이 있는 임차인으로서 낙찰자한테 얼마든지 보증금을 돌려달라고 요구할 수 있다.

chapter 3

대항력은
언제, 어떻게
생기나?

대항력이 발생할 수 있는 데드라인(DEADLINE)

임차인의 대항력은 언제 발생해야 낙찰자가 보증금을 인수할까? 주택임대차보호법이 요구하는 대항력의 필요 조건은 주택의 인도와 주민등록이다. 이 두 조건은 특정 시기 이전에 갖춰져야 한다.

경매 절차에서 임차인이 있는 부동산의 소유권이 변동될 때, ① 부동산에 설정된 저당권, 가압류 또는 압류, 담보가등기 중 가장 빠른 등기를 기준으로 그전까지, ② 부동산에 위와 같은 등기가 되어 있지 않으면 경매개시결정등기가 되기 전까지 대항력이 발생해야 한다.

이는 매각물건명세서상 최선순위 설정 등기^{말소기준권리}와 임차인의 점유시작 시점 및 주민등록^{전입신고}일만 비교해보더라도 확인이 가능하다. 주민등록^{전입신고}일과 점유 시작일이 말소기준권리보다 모두 앞선다면 대항력 행사가 가능한 임차인이다.

점유:
대항력 발생의 제1 필요조건

주택의 점유(거주)

점유주택의 인도는 주택에 들어가 실제로 거주하는 것을 뜻한다. 보통은 임대차 계약상 임대차 기간이 시작되어 부동산에 이사를 들어간 당일이 주택의 점유를 개시한 날이 된다. 실제로 들어가 산 적도 없이 짐만 놔둔 임차인이라면 점유하지 않아 대항력이 없다고 따져볼 만하다.

이사 간다면 해야 할 임차권 등기

임대차가 종료한 뒤 보증금을 반환받지 못한 임차인은 단독으로 임차권등기명령을 받아 임차권 등기를 해 이사 가더라도 대항력과 우선변제권을 유지할 수 있다. 임차인이 경매 절차에서 보증금을 받지 못하면 임차권 등기도 지워지지 않는다. 임차권 등기가 있는 부동산은 제값에 세입자를 구할 수도 없다. 낙찰자는 꼼짝없이 보증금을 돌려줘야 한다.

임차권등기명령이 있더라도 실제 부동산 등기사항증명서상 기재가 되는 데는 약간의 시차가 있을 수 있다. 등기되기 전, 법원 명령만 난 상태에서 이사 갔다면 낙찰자는 임차인의 대항력이 사라졌다고 지적할 수 있다.

이미 이사 간 임차인의 임차권 등기

집주인을 믿고 보증금을 못 받았지만 이사를 나간 임차인도 임차권등기명령을 받을 수 있다. 그러나 이때의 임차권 등기는 최초에 취득한 대항력을 유지할 수 없다. 임차권 등기 시, 새로운 대항력과 우선변제권을 취득한다고 보는 해석이 타당할 것이다. 임차권 등기가 된 시점이 말소기준권리보다 앞선다면, 낙찰자는 대항력이 있는 임차인의 보증금을 물어줘야 한다.

3

주민등록:
대항력 발생의 제2 필요조건

실제 거주를 표시하는 주민등록

주민등록은 주민등록법상 절차에 따른 유효한 주민등록으로 실제의 거주를 표시하는 것이면 된다. 부동산과 이해관계 있는 제3자가 임차인의 전입신고만 보더라도 이 임차인이 이 집에 사는 게 맞는구나 하고 구별할 수 있는 정도여야 한다.

임차인 가족의 주민등록

간혹 어떤 독자는 임차인이 아니라 배우자나 가족이 먼저 전입하고 말소기준권리가 발생한 후에야 임차인이 전입한 사례가 매각물건 명세서에서 발견되었다며 임차인은 대항력이 없는 것이 아닌지 궁금해한다.

대항력의 필요조건인 임차인의 주민등록은 배우자나 가족의 주민등록을 포함한다. 임차인 가족의 전입일자을 기준으로 대항력이 있는지 판단하는 것이 안전하다. 임차인이 거주는 계속하면서 중간에 자신의 주민등록만 일시적으로 다른 곳으로 옮긴 경우라도 가족의 주민등록이 그대로라면 임차인이 제3자에 대한 대항력을 상실하지 않으므로, 낙찰자는 임차인의 보증금을 떠안는다.

4

대항력 발생 시기

**점유와 주민등록
모두 갖춘 '다음 날'**

대항력은 주택 인도와 주민등록을 마친 '다음 날' 발생한다. 등기하자마자 효력이 발생하는 다른 권리예: 근저당권와 발생 시기가 다르다. 응찰자로서는 임차인의 점유와 전입신고가 매각물건명세서상 말소기준권리최선순위 설정등기가 생긴 전 날까지 갖춰졌다면 대항력 행사를 고려해야 한다. 만약, 점유와 주민등록을 한 당일에 말소기준권리도 같이 생겼다면 임차인의 대항력이 발생하지 않았다고 지적해볼 수 있다.

이사 다음 날 설정된 근저당권, 대항력 있을까?

임차인이 주택의 인도와 주민등록을 마친 다음 날 낮에 근저당권이 등기되었다. 그렇다면 대항력 발생일과 근저당권 설정일이 같은데, 임차인이 대항력에 필요한 조건을 근저당권자보다 먼저 갖춰 대항력을 행사할 수 있다고 주장할 수 있을까?

임차인의 대항력이 '다음 날'부터 발생한다는 뜻은 '다음 날 오전 0시'부터 발생한다는 뜻이다. 따라서 다음 날 낮에 집주인이 돈을 빌린 사람에게 근저당권을 설정해 주었다 하더라도 임차인의 대항력이 먼저 발생한다. 이 때, 낙찰자는 보증금을 인수할 것을 각오해야 한다.

대항력 발생 시기가 다른 사례

① 낙찰자가 대항력이 없는 임차인과 임대차 계약

한 번 경매로 나온 부동산이 또 경매로 나올 때도 있다. 이전 경매 절차상 대항력이 없지만 전입신고는 해두었던 임차인과 전 경매의 낙찰자가 임대차 계약을 체결한 뒤 낙찰대금을 냈다면, 임차인의 대항력 발생 시기는 전 낙찰자가 소유권을 취득한 즉시다. 위 시점을 기준으로 말소기준권리가 뒤에 발생했다면 임차인의 보증금을 낙찰자가 떠안아야 한다.

② 전 소유자가 임차인이 된 때

전 소유자가 주택을 남에게 팔면서 임차인이 된 사례도 자주 눈에 띈다. 전 소유자가 소유자로서 전입신고를 그 이전부터 해 두었다 하더라도, 임차인으로서 대항력을 취득하는 것은 새로운 소유자가 소유권이전등기를 한 다음 날이다.

한 집에 임차인이 두 명, 대항력은 누구에게?

A 임차인과 B 임차인 모두 말소기준권리보다 앞서 점유와 주민등록을 하였고, A 임차인은 임차권 등기로 대항력을, B 임차인은 실제 살고 있으면서 각자 대항력을 유지하고 있다. 이런 상황에서 왠지 후속 임차인 B가 새로운 집주인에게 보증금을 돌려달라고 할 수 있는지 의문이 든다.

주택임대차보호법에는 임차권 등기가 되어 있는 부동산에 후속하여 들어온 임차인에게 소액 임차인에게 인정되는 '최우선변제권'이 인정되지 않는다고 규정되어 있다. 그러나 '대항력'이 없다고 규정하지는 않았다. 필자는 같은 사례에서 후속 임차인을 상대로 대항력이 인정될 수 없다며 부동산 인도명령 신청을 해본 적이 있다. 해당 사건의 재판부는 후속 임차인이 대항력을 인정받지 못할 이유가 딱히 없다는 취지로 인도명령 신청을 받아들이지 않았다.

두 명의 임차인이 한집에 있는 것으로 확인되고, 둘 다 말소기준 권리 기준으로 낙찰자에게 대항력 행사가 가능할 것으로 보인다면, 후속 임차인 역시 낙찰자에게 보증금을 돌려달라고 할 수 있다고 보고 응찰가를 산정하는 게 좋다.

'이때'까지 유지해야 하는
점유와 주민등록

임차인이 주택의 인도^{점유}와 주민등록을 '한때' 갖췄다는 사정만
으로 낙찰자가 임차인의 보증금을 인수하지는 않는다. 조건을 갖
춘 상태에서 특정 시점까지 유지한 임차인만 낙찰자한테 보증금
을 달라고 할 수 있다. 원칙은 새로운 소유자의 소유권 취득 시까
지 대항력에 필요한 조건이 존속해야 한다. 경매에서 소유권을
취득하는 시점은 언제일까? 바로 낙찰대금^{매각대금}을 모두 납부한
때이다.

살던 집이 경매에 넘어간 임차인이 경매 절차 중간에 집을 나가
는 경우는 보기 드물다. 그래도 간혹 대항력에 필요한 조건을 중

간에 상실한 임차인도 있다. 새로운 매수인이 낙찰대금^{매각대금}을 다 내기도 전에 임차인이 대항력에 필요한 조건을 상실했다면, 새로운 매수인은 임차인의 대항력이 없다고 지적해 볼 수 있다.

다만, 법 개정전 대법원은 임차인이 대항력에 필요한 조건을 '배당요구종기'까지 유지해야 한다고 판결했다. 필자는 응찰하는 분들에게는 늘 '보수적인 해석'을 권한다. 돈 벌려고 하는 경매에서 새로운 해석과 도전은 아주 드물게 큰 수익을 줄 수 있지만, 대부분 돈을 잃게 한다.

매각물건명세서에 기재된 배당요구종기까지 임차인이 대항력에 필요한 조건을 유지한 것으로 보이는 이상, 임차인의 보증금 인수를 각오하자. 낙찰대금을 모두 낸 날, 낙찰 부동산의 전입세대 열람내역을 떼어봤더니 임차인이 이미 전출한 상태라거나, 경매기록상 임차인이 낙찰대금^{매각대금}을 납부하기도 전 대항력에 필요한 조건을 상실한 게 드러나면, 임차인이 낙찰자에게 보증금을 청구할 수 없다고 지적하는 것이다. 이미 보증금 인수를 각오하고 응찰가를 보수적으로 산정한 상태에서 실제로 보증금을 인수하지 않게 된다면 수익은 그만큼 커진다.

chapter 4

예상치 못한
임차인의
보증금 요구

경매에서 보증금을 달라고
한 것에 문제가 있는 때

보증금을 달라는　　　임차인이 살던 집이 경매에 넘어갔
의사표시. 배당요구　　다. 임차인이 확정일자를 받아놨다
　　　　　　　　　　　　고 해서 경매 절차상 아무 말 없는
임차인에게 경매법원이 알아서 보증금을 배당하는 것은 아니다.
임차인이 경매 절차에서 보증금을 배당받고 싶다면, 법원에 임차
인임을 밝히는 권리신고와 '배당요구'를 해야 한다.

　대항력이 있는 임차인이 우선변제권 또한 가지고 있을 때 임차
인은 선택을 할 수 있다. 임대차 기간이 남아 있어 소유자가 바뀌
더라도 계약 기간 동안 더 살고 싶다면 임차인은 경매 절차에서

굳이 우선변제권을 행사하지 않을 것이다. 임대차 계약이 남아 있음에도 경매에 넘어간 집에서 더는 살고 싶지 않은 임차인이 있을 수도 있다. 임차인은 보증금에 대한 배당요구를 하면서 임대차 계약을 중간에 종료해지하겠다는 의사표시를 할 수도 있다.

보증금을 배당해 달라고 할 수 있는 시기

경매법원에서 정한 배당요구를 할 수 있는 날배당요구종기까지 배당요구를 해야 한다. 매각물건명세서에 배당요구종기가 표시되고, 배당요구종기 이내에 임차인이 배당요구를 제대로 했는지도 확인할 수 있다.

사 건	2023타경 부동산임의경매		매각 물건번호	1	작성 일자	2023.08.28	담임법관 (사법보좌관)	
부동산 및 감정평가액 최저매각가격의 표시	별지기재와 같음		최선순위 설정	2021.01.12. 근저당권			배당요구종기	2023.08.08

부동산의 점유자와 점유의 권원, 점유할 수 있는 기간, 차임 또는 보증금에 관한 관계인의 진술 및 임차인이 있는 경우 배당요구 여부와 그 일자, 전입신고일자 또는 사업자등록신청일자와 확정일자의 유무와 그 일자

점유자 성 명	점유 부분	점보출처 구 분	점유의 권 원	임대차기간 (점유기간)	보 증 금	차 임	전입신고 일자·외국인 등록(체류지 변경신고)일 자·사업자등 록신청일자	확정일자	배당 요구여부 (배당요구일자)
	808호 전부	현황조사	주거 임차인	미상	미상	미상	2020.07.24.	미상	
	808호 전부	권리신고	주거 임차인	2020.07.24.~	504,000,000		2020.07.24.	2020.06.30.	2023.08.04

그림 5 임차인의 배당요구

시기 지난 배당요구

배당요구 종기 이후 임차인이 배당을 요구했다면 임차인은 배당에서

제외된다. 이 역시 매각물건명세서에서 확인할 수 있다. 배당요구 종기 이후의 배당요구임을 법원이 직접 기재해두기도 한다.

배당요구 철회　　　　　　배당요구를 했지만, 배당요구종기 이전에 철회한 때도 임차인은 경매 절차에서 보증금을 배당받지 않는다. 우선변제권을 행사하지 않기로 했으니, 낙찰자는 대항력이 있는 임차인의 보증금을 돌려줘야 한다. 배당요구종기가 지나면 철회가 어렵다.

임차권 등기한 임차인,　　임차인은 임차권 등기를 받아두어
배당요구 필요할까?　　　이사를 하더라도 대항력과 우선변제권을 유지할 수 있다. 대법원은 임차권 등기가 첫 경매개시결정등기 전에 등기된 경우라면, 별도의 배당요구를 하지 않아도 당연히 배당받을 채권자에 속한다고 보고 있다.

2

확정일자가 늦어
배당 순위가 밀린 때

전세 보증금을 대출해 준 은행은 우선변제권 행사를 위해 임차인에게 확정일자를 요구한다. 따라서 확정일자를 뒤늦게 받거나 아예 안 받는 경우가 흔치 않지만, 간혹 전입신고와 점유의 개시 시점보다 한참이 지난 후에야 확정일자를 받은 사례도 있다. 계약서에 찍힌 확정일자를 기준으로 다른 채권자와 배당의 우열을 가리는 만큼, 대항력은 있지만 확정일자가 근저당권자 등 다른 채권자보다 늦은 상황이라면 임차인은 보증금 중 일부만 배당받을 가능성도 있다. 이 또한 매각물건명세서만 보더라도 '점유자'란에 임차인이 확정일자를 언제 받았는지 알 수 있어 미리 따져볼 수 있다.

3

집주인이
안 낸 세금이 많을 때

부동산에서 전세보증금이 매매 시세의 상당비중을 차지하는만큼 대출은행이나 공인중개사는 우선변제권 행사에 문제없도록 안내한다. 따라서 대항력이 있는 임차인이 우선변제권을 행사했을 때, 임차인이 전액을 배당 받는지 복잡하게 분석해야 하는 경우가 많지 않다. 집주인에게 돈 받을 권리가 있는 채권자들의 등기가 보통은 임차인의 우선변제권 발생 시기보다 뒤다. 다만, 필자의 경험상 예상치 못하게 임차인이 '많은' 금액을 배당받지 못하는 가장 빈번한 예는 임차인의 확정일자보다 세금의 법정기일이 앞설 때이다. 조세^{세금}는 다른 공과금이나 그 밖의 채권보다 배당 순위가 앞선다. 조세와 저당권자·전세권자의 못 받은 돈^{피담보채권}, 확정

PART 2 보증금이 관건인 임차인이 있는 부동산

일자를 갖춘 임차인의 임차보증금 반환 채권 사이의 우선순위는 조세의 법정기일과 저당권·전세권의 설정등기일, 확정일자를 갖춘 임차인^{또는 등기된 임차인}의 우선변제권 발생일 선후를 따져 정하게 된다.

즉, 임차인의 확정일자보다 조세의 법정기일이 앞서면 조세채권이 먼저 배당 받는다. 법정기일은 보통 세금의 종류에 따라 다르지만, 대개는 신고일 또는 납부고지서 발송일로 등기사항증명서에서는 확인할 수 없다. 안타깝게도 경매 절차에서는 입찰자가 선순위 임차인의 확정일자보다 법정기일이 앞서는 조세채권이 있는지, 있다면 그 액수가 얼마인지 완벽하게 파악할 방법이 없다.

👀 심화

미납된 조세가 예상되는 경매 부동산 거르는 방법

필자가 실무를 하면서 얻은 팁은, 매각 물건의 등기사항증명서상 갑구에 기재된 국가나 지방자치단체의 압류 등기가 임차인의 확정일자보다 근소하게 뒤라면, 법정기일이 당연히 압류 등기보다 앞설 것이므로 이런 물건은 피하는 편이 낫다는 것이다.

세금은 '법정기일'로 다른 채권과 배당 순위가 정해지는데, 법정기일은 보통 신고일 또는 납부고지서 발송일로 정해진다. 과세 관청이 체납자의 집에 압류까지 하는 것은 세금을 한참 동안 미납하니 어쩔 수 없어 하게 되는 경우가 많다. 당연히 법정기일이 압류 등기를

한 날보다 앞설 수밖에 없다. 압류 등기가 임차인의 확정일자보다 뒤라고 세금도 보증금보다 뒤에 배당될 거로 생각해서는 안된다. 소유자의 경제적인 상황이 극도로 나빠졌음이 등기사항증명서에서 느껴진다면, 그런 부동산도 주의를 하는 게 좋다. 등기부상 갑구에 과세 관청이나 일반채권자의 압류, 가압류 등이 눈에 띄게 많거나 법원 경매 정보사이트에서 제공하는 문건 송달 내역에 과세 관청의 교부청구가 많다면, 선순위 임차인보다 먼저 배당될 채권이 많을 수 있으니 주의를 요한다.

2023. 4. 18. 주택임대차보호법에 제3조의 7(임대인의 정보제시 의무)이 신설되면서, 임대차 계약 당시 도무지 확인할 길 없었던 집주인의 미납 조세가 있는지 알 수 있게 되었으니, 앞으로는 비교적 이런 사례가 발생할 가능성이 덜 하지 않을까 싶다. 그런데도 여전히 집주인의 미납 조세를 확인하지 못하고 임대차 계약을 체결하는 임차인도 존재할 수 있다. 못 받은 보증금은 낙찰자한테 요구하니 입찰자도 나름대로 주의를 기울여야 한다.

경매되는 부동산에 부과된 국세나 지방세를 뜻하는 당해세 또한 발생 시점이 임차인 확정일자 전후였는지를 불문하고, 임차인보다 앞서 경매 절차에서 배당되었다. 현재는 임차인의 우선변제권 성립 이후 발생한 당해세는 임차인보다 우선하여 배당받을 수 없는 것으로 바뀌어, 당해세 금액이 많아 임차인이 보증금을 못 받는 일도 줄어들 것으로 기대한다.

4

집주인이 못 준
임금이 많을 때

사업을 하다 망한 사람의 재산이 경매로 넘어오는 일은 흔하다. 집주인에게 돈을 못 받은 사람 중에는 집주인이 사업주로 있는 직장에서 일하던 근로자들도 있을 것이다.

최종 3개월분의 임금, 재해보상금, 최종 3년간의 퇴직급여 등은 성립 선후를 불문하고 경매 절차상 질권 또는 저당권에 의하여 담보된 채권, 조세·공과금 및 다른 채권에 우선하여 변제되는 '최우선변제 대상'이다.

한편, 고용노동부 장관은 돈을 못 주는 사업주를 대신하여 근로자에게 임금, 퇴직금, 휴업수당을 지급하기도 한다. 이런 돈을 체당금이라 부른다. 고용노동부 장관은 근로자한테 체당금을 지급하고, 사업주의 재산에 근로자가 행사할 수 있는 체당금 관련한 최우선변제권을 대신 행사하게 된다.

고용노동부 장관은 체당금을 회수하는 일을 근로복지공단을 통해 진행하므로 근로복지공단의 압류 및 가압류등기에는 이처럼 '최우선변제권'이 인정되는 체당금이 포함되어 있을 가능성이 꽤 높다. 임차인의 확정일자가 있는 임대차보증금 채권보다 우선하여 지급될 돈일 수 있으니 이러한 압류·가압류 등기가 있는지 부동산 등기사항증명서 갑구를 확인할 필요가 있다. 드물지 않게 이런 등기가 눈에 띈다.

집주인이 국민건강보험, 국민연금 보험료를 제대로 내지 못한 때

국민건강보험공단이나 국민연금의 보험료 채권이 선순위 임차인의 보증금보다 먼저 배당되어 갑작스레 임차인이 낙찰자에게 못 받은 보증금을 달라고 하는 일도 있다.

얼마 전 선순위 임차인이 적법하게 배당요구를 하여 인수할 보증금이 없다고 생각해 응찰했던 분이, 뜻하지 않게 600여만 원의 임대차보증금을 임차인이 달라한다며 상담을 요청해온 적이 있다. 다름 아닌 국민건강보험공단의 보험료 채권 때문이었다. 집주인이 내야 할 보험료를 체납하여, 임차인이 보증금에 대한 확정일자를 받은 직후 국민건강보험공단이 부동산에 압류 등기를 해두었다.

  상담자는 압류 등기 일자가 임차인의 확정일자보다 늦어 크게 신경 쓰지 않았다. 그러나 기본적으로 국민건강보험료는 국민건강보험법상 국세와 지방세를 제외한 다른 채권에 우선하여 징수되고, 근저당권이나 확정일자가 있는 임차인의 보증금반환채권과는 등기 일자 및 확정일자와 보험료의 '납부 기한'을 기준으로 우선순위가 결정된다.

  응찰 예정인 부동산의 등기사항증명서상 임차인의 확정일자보다 후순위지만 날짜가 크게 차이 나지 않는 국민건강보험공단의 압류 등기는 체납 보험료의 납부 기한이 대개는 앞선다. 납부 기한이 지났는데도 돈을 내지 않으니 압류 등기를 하는 것이기 때문이다. 선순위 임차인이 배당요구를 한 물건에 이러한 등기가 있다면, 임차인이 보증금 전액을 돌려받지 못하고 나머지를 응찰자한테 달라고 할 수 있는 물건임을 인식해야 한다.

보증금보다 앞서는 공과금채권 어떻게 눈치채나?

앞의 사례와 비슷한 사례로 딱히 등기사항증명서에서 힌트를 얻을 수 없었는데, 국민건강보험공단과 국민연금의 보험료 채권의 납부 기한이 앞서는 바람에 임차인이 보증금 전액을 받지 못해 낙찰자가 400만 원 정도의 임대차보증금을 부담하게 된 일도 있었다.

필자는 수강생이나 의뢰인들에게 등기사항증명서 갑구에 국가기관이나 지방자치단체, 세무서의 압류·가압류 등기가 유독 많거나, 대법원 경매정보 사이트에서 확인되는 법원 문건 송달 내역 상 다른 물건에 비해 심하다 싶을 만큼 여러 기관에서 '교부청구' 한 부동산이라면, 되도록 응찰가를 대폭 깎거나 아니면 아예 다른 물건으로 눈을 돌리라고 말한다.

실무를 계속해보아도 사실 이런 물건은 임차인이 얼마만큼 배당받지 못할지 완벽하게 알기가 쉽지 않다.

국민연금이나 국민건강보험공단이 꼭 압류 등기를 하지 않았어도 각 기관의 보험료 채권은 임차인의 확정일자보다 '납부 기한'이 앞서면 우선 배당된다는 점을 잊지 말자. 이는 낙찰 직후 경매기록 열람 복사 후 교부청구서 통해 확인할 수 있다. 응찰 전에는 정확히 알기 어려운 정보다

chapter 5

전세권 등기한 임차인이 있는 때

전세권자와 주택임대차보호법상 임차인의 차이

지금까지 등기 없이 전입과 주택의 거주로 강력한 힘을 얻게 되는 주택임대차보호법상 임차인에 대해서 살펴봤다. 비슷하면서도 조금 다른 민법상 전세권자에 대해서 알아보자.

남의 집에 살려고 기간을 정해 계약을 하고 보증금을 주는 형태는 전세권자와 임차인이 크게 다르지 않다. 그렇다면 둘은 낙찰자에게 어떤 차이가 있을까?

대항력이 있는 임차인과 전세권 등기한 임차인은 경매 절차에서 소멸하지 않는 한, 낙찰자가 보증금을 인수한다는 점은 같다.

보증금을 줘야 두 세입자 모두 집에서 나간다.

경매 절차에서 보증금을 달라는 행동을 취했을 때 보증금 중 일부를 배당받지 못하면, 대항력이 있는 임차인은 낙찰자가 나머지 보증금을 줘야 한다. 그러나 전세권자는 배당요구나 경매 신청으로 보증금 전액을 배당받지 못하였다 하더라도 소멸한다. 낙찰자가 떠안는 전세금이 없다.

주택임대차보호법상 임차인과 전세권자는 갖춰야 하는 조건도 다르다. 주택임대차보호법상 대항력은 '임차인의 전입신고와 주택의 점유'가 요건이지만, 전세권자는 '전세권 설정 합의, 전세권 설정등기, 전세금 지급'이 있어야 유효하게 전세권을 성립시킬 수 있다.

전세권
등기하는 이유

실생활에서 '전세'를 얻었다고 하더라도, 전세권 등기까지 마치는 민법 제303조의 전세권설정계약보다는 주택임대차보호법상 임대차 계약을 맺는 경우가 다수다. 등기하려면 추가 비용이 들어가는 반면, 등기까지 하지 않더라도 전입신고와 점유, 확정일자라는 간단한 요건만으로도 대항력은 물론 우선변제권까지 인정될 수 있으니 굳이 전세권 등기까지 잘 하지 않는다.

그러나 주택임대차보호법의 적용을 받지 못하는 임차인이나 보증금이 고액이어서 상가건물임대차보호법상 우선변제권 행사 적용 대상이 되지 못하는 임차인들은 전세권 설정등기를 통해 본인의 보증금을 보호해야 한다.

실무에서는 법인회사이 임대차 계약을 체결할 때, 전세권 설정등기를 마쳐두는 경우를 많이 볼 수 있다. 고액의 상가 임대차 계약을 체결한 상인들도 마찬가지이다. 한편, 전세권 등기를 해두면 별도의 판결을 받지 않더라도 전세권 등기에 근거해 보증금을 받기 위한 부동산 경매 신청이 가능하다.

경매 절차상
전세권

소멸하는 전세권　　　말소기준 권리보다 뒷순위인 전세권
은 경매가 끝나면 사라진다. 최선순
위 전세권 또는 말소기준 권리보다
앞서는 전세권이라 하더라도 전세권자가 경매를 신청하거나 배
당요구를 하면 낙찰자의 소유권 등기 시 전세권 등기가 지워진
다. 낙찰자가 신경 쓸 필요가 없다.

전세권은 원칙적으로 부동산을 사용·수익하는데 목적이 있는
권리이지만, 전세 기간이 종료하면 전세권자는 오로지 전세금을
반환받는 데 목적이 있는 금전 채권자나 마찬가지이다. 경매 절

차에서 전세권을 통해 "돈을 받겠다!"라고 의사표시를 한다면 경매 절차의 다른 돈 받을 등기상 권리와 같이 취급되는 것이다.

🔭 심화

전세권이 소멸했지만 낙찰자에게 못 받은 보증금을 달라고 할 수 있는 때

주택임대차보호법상 대항력이 있는 임차인이 최선순위 전세권자로서 배당요구를 하여 전세권 등기가 경매 절차 종료와 함께 지워졌더라도 임대차 계약과 전세권 설정 계약의 내용이 같다면, 경매 절차에서 못 받은 보증금을 낙찰자에게 달라고 할 수 있다. 전세권 등기를 한 사람이 주택임대차보호법상 대항력이 있는지 이중으로 체크를 해야 하는 이유다.

살아남는 전세권

말소기준 권리보다 앞서는 전세권은 배당요구나 경매를 신청하지 않는 이상 낙찰자 인수 대상이다. 전세권 설정등기가 인수된다는 것은, 경매가 종료하더라도 전세권 설정 등기는 남아 있고, 등기를 말소하고 전세권자를 집에서 내보내기 위해서 전세권자에게 전세보증금을 돌려줘야 한다는 뜻이다. 낙찰자로서는 대항력이 있는 임차인과 크게 다르지 않다.

대항력이 있는 임차인이 전세권 등기까지 해둔 때도 있다. 주택임대차보호법상 임차인 지위와 전세권자 지위를 함께 가지고 있는 사람이 주택임대차보호법상 임차인으로서 경매법원에 배당요구를 하였다면, 배당요구가 없었던 전세권은 말소되지 않는다. 따라서 임차인의 전세권 등기가 말소기준 권리보다 앞선다면 낙찰자에게 전세권은 인수되므로 주의가 필요하다.

경매법원은 매각물건명세서에는 임차인이 어느 권리로 배당요구하였는지 표시해주고, 전세권에 기한 배당요구가 없는 경우 인수되는 등기에 전세권을 표시한다. 이 때 전세권 설정계약과 임대차 계약이 사실상 같은 것이라면 임차인에게 경매 절차상 배당받은 보증금을 빼고 나머지 전세금만 지급하면서 전세권 등기를 지워달라고 요구해볼 수 있다.

chapter 6

임차인 신고된
부동산,
특수물건으로
수익 내기

1

보증금을 떠안지 않고
수익 내는 사람들

응찰하려는 부동산에 대항력이 있는 임차인이 확인된다면, 임차인이 경매 절차상 보증금을 받지 못하는 이상 남은 보증금을 인수할 것을 각오해야 한다. 인수할 보증금을 빼 낙찰받았는데, 보증금을 한 푼도 떠안지 않게 된다면 어떨까? 부동산 상승장이라면 시세차익은 물론 거액의 보증금만큼의 이익을 얻게 된다. 다만, 허위 임차인인지는 결국 낙찰 후 소송 등으로 다퉈봐야 정확히알 수 있다. 사전 조사 단계에서 가짜 임차인임을 확신했다 하더라도 응찰가에 인수할 보증금을 반영하지 않는 것은 매우 위험하다.

알 수 없는 제3자, 가짜 임차인 구별법

경매사건을 오랜 시간 다루다 보니, 많은 분이 궁금해하는 물건의 유형이 있다. 매각물건명세서에서 전입신고가 말소기준 권리보다 먼저 돼 있어 대항력이 있는 임차인처럼 보이는 사람이 있을 때, 어떻게 가짜 임차인인지 판단할 수 있는가 하는 부분이다.

제3자가 어떤 사람인지 완벽하게 파악하기란 어렵다. 다만, 수많은 물건을 분석하고 소송을 진행하면서, 진정한 임차인이라고 보기 어려운 의심스러운 정황들이 추려졌다. 흔히들 손품이라고 한다. 여러 정보를 취합해 보고 충분히 의심이 들면, 발품을 통해 입찰을 위한 추가조사를 진행한다.

권리 신고 없이 전입신고가 빠른 사람들은 대개 소유자와 가족 또는 가까운 관계일 확률이 높다. 여러 정황상 도무지 임대차 관계가 성립한다고 보기 어렵지만, 소유자와 짜고 임대차 계약서나 보증금을 준 것 같은 거래내용을 만들어 진짜 임대차 관계가 있는 것처럼 만들어내기도 한다. 이런 사람들을 상대로 낙찰자에게 건물을 인도하라는 소송을 할 때 난이도는 꽤 높다. 무엇보다 법원은 낙찰자보다는 임차인의 이야기에 귀를 기울여 주는 경향이 있다. 진정한 임차인이라면 큰돈을 잃게 되는 상황이니, 아무래도 임차인의 이야기에 마음이 약해질 수밖에 없다. 대개 낙찰자가 임차인이 존재할 가능성을 대비해 싸게 낙찰받는 것도 법원에서 선입견을 가지는 이유 중 하나다. 따라서 필자가 제시하는 여러 정황에 딱 부합하는 경매 물건이 나타났다 하더라도, 소송이 간단할 것이라고 낙관하거나 아무런 위험 통제 없이 응찰가를 산정해서는 절대 안 된다.

① 집주인(소유자)의 이름, 등기사항전부증명서상 주소 파악

경매 부동산의 등기사항전부증명서부터 살펴보자. 등기사항증명서상 소유자의 이름과 주소지를 확인해 알 수 없는 제3자와 소유자의 이름이 유사한지 본다. 흔한 성씨라면 임대인과 임차인이 얼마든지 같을 수 있다. 다만, 드문 성씨임에도 소유자와 제3자의 성이 같다면 가족관계일 가능성도 염두에 둔다.

소유자의 주소가 경매 대상 부동산의 주소와 같은지도 확인해보자. 등기사항증명서상 주소지는 보통 주민등록상 주소에 해당한다. 주소지를 증명하기 위해 등기 시에는 보통 주민등록등초본을 준비하기 때문이다. 임차인이 전입한 물건에 소유자가 전입을 유지하는 경우는 흔치 않다.

그와 함께 보는 것이 법원문건 송달내역이다. 경매가 시작되면 법원은 반드시 경매물건의 소유자에게 법원 경매가 시작되었다는 것을 알리기 위해 경매개시결정문을 보낸다. 경매신청채권자가 경매신청 단계에서 등기사항증명서상 주소와 다른 채무자소유자의 주소를 알고 있다면 모를까, 보통은 등기사항증명서상 주소로 채무자에게 경매개시결정정본이 송달될 가능성이 크다. 경매신청서상 채무자의 이름과 주소는 첨부서류인 등기사항증명서에 기재된 소유자의 이름, 주소와 부합해야 하기 때문이다.

따라서 등기사항증명서상 소유자의 주소지가 경매 부동산 주소와 같고, 신청 채권자의 별다른 주소 보정 없이 소유자가 한 번에 경매개시결정문을 받은 것으로 보이면, 소유자가 경매개시 이후에도 경매 부동산에 살고 있다는 뜻으로도 풀어볼 수 있다. 소유자가 경매로 넘어간 부동산에 계속 살고 있다면, 매각물건명세서의 알 수 없는 제3자가 부동산에 거주하는 진정한 임차인이라고 보기에 의심스럽다.

② 경매 부동산에 돈을 빌려준 시중은행이 있는지 확인

두 번째로 확인하는 것은, 부동산 등기사항증명서의 을구이다.

을구에서는 '근저당권'을 확인할 수 있다. 근저당권 설정등기를 보면 누가 이 부동산에 담보를 잡고 집주인에게 돈을 빌려주었는지를 확인할 수 있다. 시중은행이 돈을 빌려주었다면, 근저당권 설정등기에 기재된 '채권최고액' 규모를 보며, 은행이 파악한 이 집의 근저당권설정 시점의 적정한 가치도 유추해 볼 수 있다.

채권최고액은 근저당권자가 경매 절차에서 담보물의 환가액^낙찰대금 중 다른 채권자들과 관계없이 우선으로 배당받을 수 있는 최대 액수를 뜻한다. 조금씩 다르기는 하지만 시중은행은 보통 빌려준 돈의 120~130%로 채권최고액으로 정한다. 시중은행에서 근저당권을 설정할 당시 부동산 시세에 근접하는 금액을 채권최고액으로 정해두었다면, 이는 금융기관이 해당 부동산에 자신보다 먼저 돈을 받아 갈 사람이 없다고 파악했을 가능성이 높다.

따라서 전입신고가 빠르지만, 권리 신고가 없는 제3자가 있는 부동산에, 제1금융권의 근저당권이 설정되어 있고, 채권최고액이 근저당권 설정 당시 LTV^{주택 담보가치 대비 대출이 가능한 금액} 대비 부동산 시세에 근접하는 수준이라면, 대출 은행이 제3자를 임차인으로 보지 않은 것으로 추리해볼 수 있다.

③ 국토교통부 실거래가 조회 사이트 조회
국토교통부 실거래가 조회 사이트에서 어떤 아파트의 특정 호수의 임대차 계약 체결 여부는 확인할 수는 없다. 같은 평수, 층에 임대차 계약이 있었는지, 보증금이 얼마인지 확인할 수 있다.

임대차 계약을 체결하고 실제로 전입신고를 하는 것은 보통 임대차 기간이 개시되는 이삿날 당일 또는 이후인 경우가 많다. 따라서 매각물건명세서상 제3자의 전입 신고일을 기준으로 2~3개월 전에 같은 층·평수에 대한 임대차 계약이 체결되었는지를 검색한다.

2021년 6월 1일 이전의 임대차 계약은 가끔 위 실거래가 사이트에서 잘 확인이 되지 않기도 한다. 위 날짜 이후에 체결된 주택 임대차 계약_{보증금이 6천만원을 초과하거나 월 차임이 30만원을 초과하는 주택 임대차 계약}은 모두 신고 대상이므로, 위 시기 이후의 임대차 계약은 실거래가 조회 사이트에서 비교적 쉽게 확인할 수 있다.

④ 등기사항증명서상 제3자에 대한 힌트 찾기

마지막으로, 경매 부동산의 등기사항증명서를 유심히 보면 생각지 않은 정보를 발견할 때가 있다. 경매를 하는 분들, 무엇보다 특수물건에 도전하고 싶은 분들이라면 반드시 경매 대상 부동산의 등기사항전부증명서를 하나하나 뜯어가며 자세히 들여다볼 필요가 있다. 전입신고는 빠르지만, 권리 신고는 되어 있지 않은 제3자의 이름이 갑자기 을구의 근저당권상 '채무자'로 등장하기도 한다. 제3자가 진정한 임차인이라면, 집주인이 자신의 집을 임차인을 위해 담보로 내어줬다는 뜻으로, 상식적으로 어려운 일이다. 오히려 제3자가 배우자와 같은 가족일 때 자연스럽게 풀이되는 일이다.

다른 한편으로는, 제3자의 전입 일자와 등기사항증명서상 소유자의 경매 부동산에 대한 '전거^{이사하여 주민등록상 주소지를 옮긴 날}' 일자가 같은 날인 경우도 있다. 이는 제3자와 소유자가 같은 날 경매 부동산에 전입신고를 했다는 것으로 풀이되니, 임대인과 임차인보다는 가족관계라고 볼 때 조금 더 고개가 끄덕여지는 상황이다.

보증금을 줄 필요 없는 임차인

임대차보증금 진짜 주고받았나?

임대인과 임차인이 특수한 관계에 있다고 해서 임대차 계약이 성립할 수 없는 건 아니다. 다만, 가족관계라거나 직장동료 등 평상시 알고 지낸 사이라고 한다면 실제로 보증금을 주고받을 사이인지에 대해서 의심해볼 수 있다.

경매기록을 열람해보았더니, 임대차 계약서가 중개사 관여 없이 '쌍방 합의'로 되어 있다면, 다소 독특하다고 생각할 수 있다. 전세보증금이 거액이라면 더더욱 공인중개사 관여 없이 작성된 임대차 계약서는 찾아보기 힘들다. 당사자가 허위로 만든 계약서

일 가능성이 있다.

임대인과 임차인이 서로 어떤 관계인지는 보통 발품을 팔아야 알 수 있는 정보다. 임대인과 친밀한 관계에 있는 임차인이 낙찰자에게 대항력을 행사해 소송을 진행해보면, 임대차보증금을 주고받은 사실에 대해 제대로 입증하지 못해 대항력을 인정받지 못하는 경우가 많다. 전 소유자에게 주지도 않은 임대차보증금을 새로운 집주인에게 달라고 할 수는 없기 때문이다.

임대차 계약을 할 수 없는 임대인

꼭 등기사항증명서상 소유자만이 임대인이 될 수 있는 건 아니다. 임대인으로부터 권한을 부여받은 사람도 임대차 계약상 임대인이 될 수 있다. 이론적으로는 가능한 이야기이지만 필자가 실무를 하면서 등기사항증명서상 소유자 아닌 제3자가 임대차 계약상 임대인이 된 것은 유치권자와 관련된 사건이 아닌 한 잘 보지 못했다.

낙찰 받은 부동산의 임대차계약서를 보니, 임대인 이름이 전 소유자가 아니라 제3자라면 제3자가 임대차계약 체결 권한이 있었는지 추가로 알아봐야 한다. 만약, 제3자가 집주인 허락 없이 임대차계약을 한 상황이라면 임대차계약 자체가 무효가 될 수 있으므로 임차인의 대항력이 없다고 지적할 만하다.

망하기 직전 집주인

임차인의 대항력 취득 직후, 갑작스레 임대인의 경제 상황이 극도로 나빠졌다는 것을 등기사항증명서상 갑구나 을구를 통해 확인할 수 있다. 국가나 지방자치단체의 압류는 물론, 여러 채권자의 가압류, 대부업체의 근저당권 설정은 집주인이 경제적인 코너에 내몰렸다는 것을 암시한다. 그런데도 그 직전에 임차인이 상당한 금액의 보증금을 주고 임대차 계약을 체결해 대항력을 취득했다면, 의심해볼 수 있는 부분이 있다.

집주인이 대항력이 있는 임차인을 만들어내어, 경매에 넘어가더라도 유찰되도록 해 싼값에 지인을 통해 집을 되사거나, 가짜 계약서를 통해 새 집주인에게 대항력 행사를 하면서 돈을 일부라도 건져볼 요량이었을 수 있다.

형사상 경매입찰방해죄 등이 문제 될 수도 있지만, 당장 오갈 데 없고 경매에 넘어간 집이 전 재산인 집주인은 그렇게 해서라도 집을 보전하고 싶을 수 있다. 따라서 임대차 계약 체결 및 대항력에 필요한 조건 취득 직후 집주인의 경제적 상황이 나빠졌음을 알만한 객관적인 사정들이 눈에 띄는지, 그래서 허위의 임대차 계약을 만들어낼 만한 상황에 부닥쳤던 것은 아닌지도 의심해볼 필요가 있다.

이상한
임대차보증금

① 적정 보증금인가?

선순위 임차인이 요구하는 보증금이 KB시세 및 국토교통부 실거래가 사이트에서 확인되는 임대차보증금에 비추어 적정한지 한 번 살펴볼 필요가 있다. 물론, 임대차 계약상 임대인과 임차인이 서로 합의한 보증금이라면 많든 적든 상관없이 유효한 보증금으로 새 집주인이 인수해야 한다. 그러나 진정한 임차인이라면 보통은 시세에 부합하는 적정한 보증금을 정하여 지급한다. 시세에 부합하는 보증금인지 확인해야 하는 이유이다.

② 보증금으로 둔갑한 수상한 돈

임차인이 임대인과 다른 채권·채무 관계에 있었던 것은 아닌지도 조사해볼 필요가 있다. 예를 들어 갑돌이가 공사업자 을순이와 공사계약을 체결했고, 공사를 완공한 을순이가 갑돌이에게 1억 원을 청구한다고 해보자. 갑돌이가 당장 현금을 줄 형편이 되지 않고, 을순이도 새로운 임대차 계약이 필요한 시점이어서, 갑돌이가 을순이에게 공사대금을 임대차보증금으로 해 자기 집에 임대차 계약을 체결한다. 이 때, 을순이가 임대차 계약을 체결해 실제로 갑돌이의 집에 가족과 함께 들어가 거주했다면 갑돌이는 진정한 임차인으로 인정될 가능성이 크다.

필자가 진행한 여러 소송상, 임대차 계약을 체결하는 목적이 부동산에 거주하는 데 의미가 있어 실제로 오랜 시간 임차인이 부동산에서 살았다면 임대인에게 따로 받아야 할 돈을 보증금으로 했더라도 대항력 행사가 가능하다는 취지의 판결이 났다.

반면, 을순이가 갑돌이의 집의 키를 건네받기는 하였지만 들어가 살지도 않으면서, 오로지 향후 주택임대차보호법상 대항력이나 우선변제권_{최우선변제권}을 행사해 자신의 공사대금을 다른 사람보다 먼저 받아 갈 목적으로 임대차 계약을 한 것이라면, 을순이는 진정한 임차인으로서의 보호받지 못할 가능성이 크다.

③ 보증금을 일부 돌려받은 임차인

임차인이 오랜 시간 임대인으로부터 보증금을 돌려받지 못해 대항력을 행사하는 때도 있다. 임대차 계약 기간은 이미 한참 전에 종료했지만, 임대인이 보증금을 돌려주지 않으니 임차인도 어쩔 수 없이 계속해 임차한 집에 거주한 것이다.

그 와중에 임차인이 보증금 일부를 이미 돌려받은 상태에서 거주하는 때도 있었다. 예를 들어, 보증금이 4억 원인데 이미 3억 원을 돌려받은 상태에서 나머지 1억 원을 받기 위해 거주하는 것이다. 임차인으로서는 나머지 1억 원을 제때 받지 못한 상태이므로 1억 원에 대한 시중 대출이자 정도를 손해 본다고 할 수 있다. 다만, 이때는 집주인_{임대인}에게도 손해가 있다고 법적으로 평가할 수 있다. 원래는 4억 원을 받고 임대를 내줘야 하는 상황임에도 임차인이 1억 원만 내고 세를 살고 있으니, 보증금 중 3억 원에 대해서는 임차인이 부당하게 이득을 취하고 있다고 지적해볼 수 있다.

그렇다면 이때는 임차인이 돌려받지 못한 보증금과 그에 대한 시중 이자를 합한 금액에서 임차인이 취하고 있는 부당 이득예; 잔존 보증금 기준 적정 월세을 뺀 나머지만 낙찰자가 인수한다고 주장해 볼 수 있다.

무상 거주 확인서 써 준 임차인

집에 선순위 임차인이 있는 이상 웬만한 시중은행은 집을 담보로 대출하지 않는다. 급전이 필요한 집주인은 임차인에게 부탁하여 시중은행에서 대출받을 수 있도록 협조해달라고 하기도 한다. 임차인에게 "이 집에는 대출 은행보다 앞서 임대차보증금을 받아 갈 사람이 없다."라고 각서를 써달라는 것이다.

필자가 실무를 하면서 확인했던 무상거주임대차확인서는 서류명이 약간씩 다를 때도 있지만, 형식은 주로 임대인과 임차인 모두의 서명 또는 날인이 있는 형태였다. 임대인의 서명·날인만 있어서는 임차인의 의사가 반영되지 않았다고 보아 문제가 발생할 수 있다. 임차인 본인이 직접 '나는 이 집에 무상으로 사는 사람'이라는 내용을 확인하는 서류에 자필 서명 또는 도장 날인이 있어야 한다.

무상 거주 확인서를 쓴 임차인은 경매 절차에서 권리 신고와 배당요구를 할 수 있다. 그러나 이런 임차인이 낙찰자에게 대항력을 행사할 수 있다는 결론에 이르면, 보증금 인수 때문에 낙찰가가 대폭 떨어져 대출 은행은 배당금이 줄어드는 예상치 못한 손해를 얻는다.

무상 거주 확인서가 있다는 사정이 매각물건명세서에 쓰였다면 응찰자들이 임차인이 공짜로 살고 있어 자신들이 인수할 보증금이 없을 거란 신뢰를 갖게 된다. 응찰자의 신뢰 또한 보호할 필요가 있으므로, 이와 같은 기재를 본 낙찰자에게 임차인은 대항력 행사를 할 수 없다.

무상 거주 확인서의 존재로 배당에서 제외된 임차인이 낙찰자에게 보증금을 달라고 요구할 수 있을까? 임차인이 확정일자를 받아두어 경매 절차에서 보증금을 배당받기 위해 우선변제권을 행사한다면, 낙찰자는 임차인이 경매 절차에서 보증금 전액을 배당받고 나갈 것이라고 예상한다. 대법원은 이 경우 임차인이 갑작스레 낙찰자에게 대항력을 행사할 수 없다고 판단했다.

가끔은 대출 은행이 임차인의 무상 거주 확인서를 받아 놨음에도 경매 절차에 굳이 확인서를 제출하지 않을 때도 있다. 구체적 기준은 은행 내부 지침에 따르겠지만, 필자가 추정하기로는 부동산 시가가 많이 올라 임차인이 대항력 또는 우선변제권을 행사하더라도 대출금 회수에 지장이 없을 때다. 매각물건명세서에 무상 거주 확인서가 존재한다는 기재가 없다면, 응찰자가 임차인의 보증금이 없다는 사정에 신뢰를 얻었다고 주장하기는 어렵다.

무상 거주 확인서가 존재한다는 사정이 발품을 통해 확인되었다 하더라도, 경매 절차에서 매각물건명세서상 무상 거주 확인서가 있다는 사정이 기재되었거나 임차인이 우선변제권을 행사했는데 각서로 배당에서 배제된 사안이 아니라면, 낙찰자가 임차인의 대항력 행사를 문제 삼기 어렵다.

잘못된 현관문 표시

현관문 표시가 건축물 현황도 기준으로 잘못되면 임차인의 주민등록과 점유 모두에 문제가 생길 수 있다. 드문 일이긴 하지만 여전히 심심치 않게 경매에 등장한다. 그림부터 먼저 살펴보자.

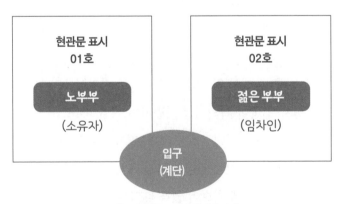

그림 6 현관문 표시가 뒤바뀐 사례

계단입구을 기준으로 왼편에는 01호, 오른편에는 02호라고 현관문에 표시된 상태이다. 보통 왼쪽에서 오른쪽으로 글을 쓰고 숫자를 세니 이상할 게 없는 현관문 표시이다. 필자가 담당했던 사건에서 현관문 표시 01호는 얼마 전 집을 사 리모델링을 마치고 거주 중인 노부부가, 현관문 표시 02호에는 보증금 2억 2,800만 원을 지급한 젊은 부부가 아이들과 함께 살고 있었다. 그런데 두 집의 건축물 대장상 건축물 현황도가 뒤바뀌어 있었다. 현관문 표시 01호가 실제로는 등기사항전부증명서상 02호인 것이다. 이때는 간단히 말해, 현관문 표시가 공부건축물대장, 등기 기준으로 '잘못' 되어 있는 것이다.

등기사항증명서상 02호에 대한 경매가 있었고, 낙찰자는 현관 표시 01호를 점유하고 있던 노부부를 상대로 인도명령을 걸었다. 건축물 현황도를 기준으로 등기사항증명서상 물건이 특정되므로, 법원은 경매가 진행된 02호는 현관 표시상 01호라며 낙찰자에게 노부부에 대한 인도명령을 내려줬다. 임차인은 낙찰자를 상대로 보증금 반환청구 소송을 진행했다. 그러나 02호에 임대차계약을 체결한 임차인 부부는 01호에 살면서 주민등록은 또 02호에 해둔 것으로 해석되어, 새 매수인에게 보증금을 돌려달라는 대항력을 행사하기 위한 조건인 '유효한 주민등록'이 없다고 평가되었다. 점유도 당연히 문제였다.

낙찰자는 대항력이 있는 임차인을 염려해서겠지만 시세에 비해 상당히 낮은 가격에 부동산을 취득했다. 실제 02호는 01호 소유자들이 리모델링까지 해둔 상태였기 때문에 이래저래 상당한 차익이 생겼다.

집 비밀번호 알려준 임차인

임대차 기간이 끝났음에도 집주인이 보증금을 돌려주지 못할 때가 있다.

임차인은 집주인의 "새 임차인이 구해지면 보증금을 바로 돌려주겠다"라는 말만 믿고 비밀번호를 바꾸지 않은 채 이사를 간다. 새 임차인이 들어와야 하니, 집을 보여주기 위해 공인중개사에게 비밀번호도 알려준다. 다만, 혹시 모르니 주민등록을 옮기지는 않고 유지한다. 그러나 이를 두고 임차인이 주택임대차보호법상 대항력에 필요한 조건인 '점유'를 유지하였다고 보기에는 어려움이 있다. 하급심 판례에서는 단순히 임차했던 집에 주민등록을 유지한 상태에서 키를 소지한다거나 비밀번호를 바꾸지 않았다는 사정만으로는 점유를 인정하기 어렵다는 취지로 평가하기도 했다.

[성공 사례]
황금알 낳는 부동산,
어떻게 찾았나?

남들이 그냥 넘길만한 공개 정보에 힌트가 있는 사례

매각물건명세서에 권리신고를 마친 두 명의 임차인이 있다. 한 집에 두 명의 임차인이라니 좀 이상하다. 심지어 B는 방 1칸을 임차했다고 신고했다. 일반적인 물건들을 많이 보다 보면 이 물건은 뭔가 사연이 많은 부동산이라 느껴진다.

그림 7 임차인이 두 명인 매각물건명세서

먼저, 대항력 유무부터 판단해 보자. 말소기준 권리는 2012. 6. 5. 가압류 등기다. B는 체류지 변경신고를 2004. 12. 2.에 본 건의 부동산에 하였지만, 2006. 8. 31. 다른 곳으로 체류지 변경을 하여 배당요구종기인 2015. 4. 14.에 대항력에 필요한 조건을 갖추지 못한 것으로 보인다.

A는 2010. 10. 20.부터 거주하였고, 같은 날 전입신고도 마친 상태다. 보증금이 3억 5천만 원이라고 권리신고 했다. 매각물건 명세서만 보면 A가 주장하는 보증금은 낙찰자가 인수할 가능성이 있다. 그런데 경매 부동산을 계속해서 분석하다 보면, 다른 경매 부동산에서는 잘 등장하지 않는 낯선 용어나 사실관계가 나타날 때가 있다. 이 경매 부동산의 법원문건 송달내역을 한번 보자.

문건접수내역

접수일	접수내역
2015.01.19	등기필증 제출
2015.01.22	채권자　　　　　　보정서 제출
2015.01.27	감정인　　　감정평가서 제출
2015.01.29	교부권자　　교부청구 제출
2015.02.02	기타　　현황조사서 제출
2015.02.09	압류권자　교부청구 제출
2015.04.02	교부권자　교부청구서 제출
2015.04.09	교부권자　교부청구서 제출
2015.04.10	가압류권자　배당요구신청 제출
2015.04.13	근저당권자　배당요구신청 제출
2015.04.13	권리신고 및 배당요구신청서 제출
2015.04.17	권리신고 및 배당요구신청서 제출
2015.06.09	기타　교도소 사실조회회신 제출
2015.07.01	보정서 제출

그림 8 법원문건 송달내역

‘○○교도소 사실조회회신 제출’이라는 문구가 보인다. 여러분이 여러 물건을 분석하면 느끼겠지만, 다른 물건에서는 쉽게 찾아볼 수 있는 내용이 아니다.

경매 절차는 집주인에게 “당신 집이 경매에 넘어갔다.”라는 사정을 알려줘야 유효하게 흘러간다. 아무리 돈을 안 갚은 채무자 또는 채무자를 위해 집을 담보로 내준 사람이라 하더라도 자기 집이 경매에 넘어간 사정을 알아야 한다. 경매가 넘어갔다는 소식을 알아야 경매 절차에서 자신의 권리를 방어할 기회를 가질 수 있다. 경매 절차상 문건송달내역에서 교도소나 출입국관리사무소 등의 사실 조회 회신이 있는 때가 많진 않다. 있다면 대개는 집주인의 소재나 주소를 파악하고 경매개시결정정본 송달을 위한 절차일 때가 많다.

이 사건도 마찬가지였다. 집주인이 교도소 수감 중이었다. 교도소에 있는 집주인이 집에 연달아 두 명의 임차인을 들이기란 아무래도 쉽지 않았을 것이다. 두 명의 임차인이 한집에 있다니, 내막을 더 알아봐야 할 부동산으로 보인다.

집주인은 사업을 크게 했지만, 사업이 실패하고 채무 관계 문제로 교도소에 수감 중이었다. 더 중요한 사실은 A는 집주인과 사실혼 관계에 있는 사람이라는 점이었다. 사실혼 관계에 있는 부부가 서로 거액의 보증금을 주고 받았을까? 이 사건은 낙찰 직후 부동산 인도명령 신청을 진행하였는데, 결국 A는 집주인에게 보증금을 지급한 사정을 증명하지 못해 인도명령이 인용되었고, 집행까지 이뤄졌다.

남들이 그냥 넘겨버리기 쉬운 문건송달내역에서 특수물건 해결을 위한 실마리를 찾을 수 있었던 사례이다.

등기사항 전부증명서에서 힌트를 얻은 사례

다음의 매각물건명세서에서 D 기준으로 대항력이 발생하였는지 살펴보자. 일단 <비고>란을 보니 D는 소유자였다가 2014. 10. 24에 소유권을 다른 사람에게 넘긴 것으로 확인된다.

그림 9 매각물건명세서

전 소유자가 부동산을 팔면서 임차인이 되었다면 대항력을 취득하는 때는 바로 새로운 소유자^{임대인}가 소유권이전등기를 한 다음 날이다. D는 2014. 10. 25.부터 대항력을 행사할 수 있다.

말소기준 권리도 2018. 6. 22.자 근저당권이니 D가 임대차보증금을 지급한 진정한 임차인이라면 돌려받지 못한 보증금을 낙찰자에게 달라고 할 수 있다. 한편, 점유자 기재 바로 밑 <비고>에 F는 D의 배우자다. 등기사항증명서를 살펴보니, D는 2003. 3. 19. 소유권을 취득했다가 2014. 10. 24. G라는 사람에게 소유권을 넘겨줬다.

아무 관련 없는 듯해도 등기사항증명서상 드러나는 제3자를 한 번씩 다 확인해보면, 뜻하지 않은 힌트를 얻을 때도 있다. 의뢰인은 경매로 나온 부동산의 등기사항전부증명서 을구를 주목했다.

소유자 G는 채무자가 본인이 되어 근저당권을 설정하기도 했지만, 중간에 '주식회사 H'라는 곳을 위해 자신의 물건에 근저당권을 설정한 사실도 확인되었다. 등기부에 나타나는 개인이야 손품을 팔아봤자 정보를 더 알아내기란 쉽지 않다. 반면, 등기사항증명서에 등장하는 회사는 인터넷등기소에서 '법인등기사항증명서'를 떼보면 대표가 누구인지 임원에는 누가 있는지 살펴볼 수 있다. 주식회사 H의 법인등기사항증명서를 떼본 의뢰인은 이 물건에 본격적인 발품을 팔아보기로 했다. 다름 아닌 D의 남편 F가 집주인 G가 사내이사로 있는 회사의 '대표이사'였기 때문이다. 정리해보면, 대표이사가 사는 부동산을 사내이사가 등기상 소유권 명의를 넘겨받아 다시 대표이사 부부를 임차인으로 살게 한 것이다. 임대인과 임차인이 특수한 관계에 있을 뿐만 아니라, 과연 임대인이 임차인에게 보증금 8,000만 원을 모두 받았을지도 매우 의심된다.

의뢰인이 낙찰 받은 이후에도 D와 F가 부동산에 거주하고 있었다. D를 상대로 건물 인도 소송을 제기하였다. 소송상 증거신청을 통해 집주인 G의 계좌를 들여다보니, G는 임차인측으로부터 8,000만 원을 받았지만, 곧바로 F^{D의 남편}에게 돌려준 게 확인됐다. D를 보호 가치 있는 임차인으로 보기는 어려웠고, 1심은 의뢰인의 승소로 끝났다. D는 항소했지만 2심도 의뢰인의 승소로 정리됐다. D의 불법성이 높아 여러모로 보호하기는 어렵겠다는 요지의 판단이었다.

의뢰인은 이 물건을 2억 원 중반대에 낙찰받았는데 입지가 좋아서 한때 6억 원 후반대까지 부동산 가격이 올랐고 인도 집행이 마무리되었을 때 전세가가 이미 낙찰가보다 높은 금액이었다. 등기사항전부증명서를 꼼꼼히 보고, 한발 더 나아가 정보를 파악한 덕분에 훌륭한 수익 창출까지 이어진 사례이다.

이번 파트에서는 경매 물건에서 자주 볼 수 있는 용어들에 대해 알아본다. 여기에서 설명하는 용어들이 눈에 띈다면 초보자가 선택할 물건은 아니다. 다만, 일상생활에서도 부동산과 관련해 적잖이 마주치는 용어인 만큼, 이번 기회에 공부해두면 좋다. 관심을 가지고 공부하면 고수들이 어떻게 수익을 내는지도 알 수 있다.

PART 3

유치권, 선순위 가등기,
공유지분, 법정지상권

chapter 1

유치권,
주장하는
그대로
믿을 필요 없다.

유치권 신고된 부동산

경매 절차에서 유치권이 신고되면 매각물건명세서 비고란에 쓰인다. 누가 유치권을 신고했고, 못 받은 돈이 얼마인지 기재된다. 진짜 유치권인지는 법원도 알 수 없다는 취지로 '성립여부는 불분명함'이라는 기재도 함께 쓰인다. 유치권이 신고된 부동산에 직접 가보면 소유자여도 마음대로 부동산에 들어갈 수 없다. 유치권자는 자기가 못 받은 돈을 받을 때까지 안 나가겠다고 버틴다. 유치권은 상사유치권과 민사유치권이 있지만 경매에서 주로 더 문제가 되는 것은 민사유치권이다. 이 책에서는 민사유치권에 대해서 설명한다.

유치권 해결법

유치권이 신고된 부동산을 낙찰 받으면 유치권자가 주장하는 돈을 줘야 유치권자를 내보내고 마음대로 부동산을 사용할 수 있다. 유치권자가 못 받았다고 주장하는 돈이 조사를 해보면 매우 부풀려져 있다거나 법이 요구하는 조건을 갖추지 못한 때도 있다. 이때는 소송이나 협상을 통해, 유치권이 발생하지 않았다거나 주장하는 것보다 적은 돈만 받고 나가야 한다고 지적할 수 있다.

낙찰자는 돈을 줘야 할 법적 의무가 있지는 않다. 돈을 주지 않는다고 해서 유치권자가 낙찰자를 상대로 돈을 달라는 소송을 할 수는 없다. 유치권자에게 돈을 준 뒤 낙찰자는 돈을 줄 의무가 있는 전 소유자에게 대신 지급한 돈을 달라고 청구할 수 있다. 유치권자는 유치물을 경매에 부칠 수 있지만, 우선변제권이 없는 유치권자가 경매를 신청하는 경우는 많지 않다.

유치권이 신고된 건물·토지지만 미래에 시세가 오를 걸로 기대되는 곳에 위치한 물건도 많다. 유치권이 신고 되면 자연스럽게 다른 응찰자들의 관심이 떨어져 경쟁률도 줄어든다. 유치권만 해결되면 싼값에 좋은 물건은 건질 수 있으니 관심이 생긴다. 유치권이 어떤 권리인지를 알아야 협상이나 소송으로 수익을 남길 부동산인지, 아니면 여지없이 돈을 줘야 하는 부동산이지 가늠할 수 있다. 유치권이 누가 보기에도 허술하다거나 신고된 금액이 소액이라면 협상으로도 해결할 수 있지만, 소송으로 해결해야 하는 경우도 있다. 외관상 유치권이 성립한 듯해도 내막은 다퉈볼 게 많을 때다.

유치권자가 주장하는 금액이 부풀려져 있다거나 허위임이 의심되면 유치권자를 상대로 건물^{또는}토지 인도 소송 등을 통해 다툰다. 판결로 유치권이 인정되지 않으면, 판결문에 근거해 강제집행을 하여 인도받거나 최종적인 협상을 통해 유치권자를 내보낸다. 하지만 경매나 부동산 법률 지식이 없는 상태에서 무작정 큰 수익만 기대하고 유치권이 있는 물건을 낙찰받는 건 추천하지 않는다.

심화

갑작스러운 유치권 행사, 낙찰 무르는 방법

유치권 신고가 없어 일반적인 물건인 줄 알고 낙찰 받았는데 갑작스 럽게 유치권이 신고되거나 현장에 가보니 발견하는 때도 있다. 유치 권 해결에 들어갈 돈을 전혀 예상하지 않았다면 낙찰을 물러야 한다. 경매 절차 단계별로 갑자기 유치권 신고가 있을 때 취할 수 있는 행동 은 다르다.

① 최고가 매수신고인으로 뽑히고 매각허가결정 전이라면 매각 불 허가 신청을

② 매각허가결정 이후 확정 전이라면 이의신청 및 즉시항고를

③ 매각허가결정 확정 이후 대금 납부 전이라면 매각 허가 취소신청 을 진행해 볼 수 있다.

3

유치권,
어떤 권리일까?

**간단하게 생기지만
강력한 물권, 유치권**

유치권자가 하고 싶은 말은 "이 건물·토지에 들인 돈을 받을 때까지 나는 이곳에서 못 나갑니다!"이다. 이 말을 법률용어로 풀어보면, "이 건물·토지=타인의 물건에 들인 돈=물건에 관하여 생긴 채권을 받을 때=변제받을 때까지 나는 이곳에서 못 나갑니다=유치."이다.

 길을 가는 누구를 붙잡고도 여기에 내 권리가 있다고 외칠 수 있는 권리는 물권과 채권 중 무엇일까? 바로, 물권이다. 공사계약에 따라 공사대금을 달라고 할 수 있는 상대방은 오로지 공사계

약상 채무자^{건축주}뿐이다. 그러나 채무자가 돈을 제때 주지 않아 공
사업자가 유치권을 행사한다면 공사계약 상대방이 아닌 낙찰자
도 부동산에서 함부로 나가라고 할 수 없다.

유치권은 일정한 조건이 맞으면 법률상 자연스럽게 생기는 '법
정담보물권'이다. 부동산을 점유하며 못 받은 돈이 있음을 증명하
면 유치권이 인정된다. '담보물권'은 받을 돈이 있는 물권인데 같
은 담보물권인 근저당권은 설정계약과 등기가 필요하지만 유치
권은 이 두 가지 모두 필요 없다.

유치권자가 경매에서 돈 달라하고 하지 않는 이유

유치권은 돈을 받을 때까지 부동산
인도를 거절할 수 있을 뿐 경매 절차
상 우선변제권이 없다. 유치권자는
일반채권자로서 안분 배당을 받아야
하니, 경매 절차에서 배당요구를 하는 일이 많지 않다.

시세 1억 원의 주택이 경매에 나왔다. 못 받은 돈이 3천만 원 있
는 채권자가 근저당권을 설정한 이후, 못 받은 돈이 2천만 원이라
는 공사업자가 유치권을 신고했다고 해보자. 이 집에 응찰하고자
한다면 향후 시세 상승 가능성을 믿고 1억 원에 낙찰을 받을 수도
있겠지만, 일단은 현재 시세 기준으로 유치권을 해결하기 위해
들어갈 돈인 2천만 원 정도는 뺀 다음 응찰가를 산정하는 게 좋

다. 8천만 원에 주택이 낙찰되면, 근저당권자는 무난하게 3천만 원을 배당받아 간다.

그런데 유치권자가 공사해서 못 받은 돈을 8천만 원으로 신고한다면 2천만 원 이하로 응찰해야 한다. 이때 문제는 먼저 근저당권을 설정해둔 은행이다. 매각대금이 2천만 원이라면 은행은 유치권자보다 먼저 근저당권을 설정해두었음에도 못 받은 돈 3천만 원 기준 2천만 원도 제대로 배당받지 못한다. 유치권자는 낙찰자를 상대로 돈을 줄 때까지 버티면 그만인데, 은행은 못 받은 돈도 회수하지 못한 상태에서 낙찰자의 소유권이전등기 시 근저당권 설정등기도 말소당한다.

못 받은 돈이 있더라도 원칙은 등기 순서대로 돈을 받아 가야 하는데, 유치권은 예외다. 이 때문에 유치권은 사실상의 '최우선 변제권'이 있는 것이나 마찬가지라는 평가를 받는다. 가짜 유치권이 신고되는 이유 중 하나다.

유치권,
어떻게 하면 생기나?

'점유'하는 부동산에 유치권자가 주장하는 '못 받은 돈'이
투입된 '못 받은 돈' '점유'하는 부동산에 관하여 생긴 것
이어야 한다. 다른 부동산에 들어간
돈을 못 받은 돈이라고 주장한다면 유치권을 깨트릴 수 있다. 어
려운 말로는 '견련성'이라고 하는데 '부동산을 만들어내는데 들
어간 돈'으로 생각하면 충분하다.

돈 받을 때가 돼야 '못 받은 돈'이 있다고도 표현할 수 있다. 공
사계약기준으로는 돈 받을 때는 대개 완공 시점이다. 그러나 계
약상 돈을 받을 때가 아니니 유치권이 없다고 하는 판결은 흔치

않다. 필자 경험상 법원에서 완공되지 않았으므로 공사업자가 받을 돈이 없다고 보기보다는 공사 중단 시까지 공사업자가 들인 돈을 기준으로 유치권의 피담보채권이 발생했다고 보는 경향이 더 짙다. 공사가 되다 말았으니 유치권 행사도 어렵겠다고 오해해서는 안 된다.

남의 부동산에 행사하는 권리

유치권을 행사하는 대상은 내 물건이 아니라 남의 물건에 대한 것이다. '남의 물건'에 돈을 들였는데, 돈을 줘야 하는 '남'이 돈을 주지 않는다고 해서 행사하는 게 유치권이다. 전 소유자가 부동산에 들인 돈이 많다고 낙찰자에게 유치권을 들어 버틸 수 없다. 전 소유자는 남의 물건이 아니라 자기 물건에 돈을 들였을 뿐이다.

미리 포기하면 끝

유치권을 행사하지 않기로 포기하는 특약이 있다면 아무리 부동산에 들인 돈이 있더라도 유치권을 행사할 수 없다. 비록, 유치권자가 특정 상대방에게 유치권 포기각서를 썼다 하더라도 포기각서는 만인에게 효력이 발생한다. 낙찰자도 포기각서의 내용을 들어 유치권자의 유치권은 존재하지 않는다고 지적할 수 있다. 경매 절차에서 자주 만나볼 수 있는 종류로는 공사업자가 쓴 '유치권 포기각서'와 임대차 계약상 '원상 복구 약정'이 있다.

유치권 포기각서는 주로 공사업자들이 쓴다. 다만, 실무상 아무런 조건 없이 "유치권을 포기하겠다."라고 쓴 각서는 잘 보지 못했다. 대부분 특정한 조건 성취 시 유치권을 포기하겠다는 내용이 쓰여 있어, 유치권을 깨트리는 데 큰 도움이 되는 경우는 드물다.

'원상 복구약정'은 임대차 계약서에서 볼 수 있다. 이 약정을 하면 임차인이 임대인에게 이사 들어갔을 때 그대로 임대차 계약이 종료한 때 돌려주겠다고 약속하는 것이다. 임대차 계약이 끝나면 이사 들어갔을 때 그대로 돌려준다고 했으니, 임대차 기간 중 세를 사는 집에 어떤 돈을 들여도 임대인에게 요구할 수 없어 유치권도 포기한 것이라는 개념이다. 원상 복구약정은 공인중개사들이 제공하는 임대차 계약서 형식상 이미 기재된 상태일 때가 많다. 임차인이 집주인과 상의도 없이 부동산에 마음대로 큰돈을 들이는 경우도 많지 않다 보니, 임차인의 유치권이 인정된 사례는 실무를 하면서도 별로 만나보지 못했다.

유치권자의 점유가
문제일 때

유치권을 다룰 때 가장 화두가 되는 두 가지 주제는 ① 부동산을 제대로 점유했는지 ② 못 받은 돈이 있는지다. 두 조건이 어떻게 문제가 되어 유치권이 깨지는지 살펴보자.

**유치권 성립을
어렵게 하는 불법점유**

불법적인 점유는 유치권을 깨트린다. 불법점유가 문제가 된 사례들을 보면 공사업자들은 하나 같이 공사 완료 후 소유자에게 부동산을 인도하였지만, 공사대금을 받지 못해 소유자가 관리하던 부동산에 임의로 들어가 유치권 행사를 한다.

잠금장치가 되어 있지 않아 몰래 들어갔다거나 무작정 부동산에 침입하여 유치권 현수막을 건 일도 있었는데 모두 불법적인 점유 개시에 해당한다는 사유로 유치권이 인정되지 않는다.

일단 의심해야 하는 제3자가 있는 부동산

점유의 방식은 '직접점유'와 '간접점유'로 나눠볼 수 있다. 유치권자는 유치물을 직접점유해도 되고 간접점유해도 된다. 직접점유는 부동산에 어떤 사람이 직접 살거나 관리하는 형태의 점유를 뜻한다. 간접점유는 남을 통해 하는 점유다. 유치권이 신고된 부동산에 유치권자가 아니라 남이 부동산을 점유하고 있다면 일단 의심해보자. 유치권을 깨트릴 수 있는 중요한 열쇠가 되기도 한다.

① 채무자(소유자)

유치권을 주장하는 사람이 채무자더러 직접 점유하게 했다면 유치권은 생기지 않는다. 유치권이란 것은 어디까지나 돈을 줘야 하는 사람이 부동산을 사용하지 못하게 해서 심리적으로 돈을 주도록 강제하는 데 중요한 효과가 있다. 돈을 줄 의무가 있는 사람더러 부동산을 점유하도록 한다면, 유치권의 본체적 효력은 사라진다. 점유한 전 소유자, 유치권을 주장하는 사람 모두 낙찰 받은 부동산에서 나가야 하는 사람들이다.

② 임차인

간접점유는 일정 시점에 다시 자신이 점유를 되찾을 수 있게 부동산에 보이지 않는 손을 뻗고 있는 점유다. 대표적인 예가 바로 임대인이다. 임대인은 임대차 계약을 체결하고 임차인을 임대 물건에 살도록 한다. 임차인은 계약 기간에 임차 물건에서 살 권리가 있지만, 임대차 계약이 종료하면 임대인에게 돌려줘야 한다. 임대인은 임대차 종료 시점에 임차인에게 임대 물건을 돌려달라고 할 수 있는 권리가 있다. 이렇게 부동산 인도^{반환} 청구권을 가지고 있는 사람을 '간접점유자'라고 한다.

주의해야 할 것은, 유치권자가 '계약'상 '임대인'이어야 한다. 임대차 계약서에 유치권자가 소유자의 '대리인'이 되어 임대차 계약을 체결했다면, 임대차 목적물을 돌려달라고 할 수 있는 사람은 어디까지나 대리인이 아닌 본인, 즉 '소유자'뿐이다. 유치권자는 어떤 점유도 한 사실이 없는 것이다.

③ 직원

유치권자의 직원은 앞서 살펴본 임차인과 약간의 차이가 있다. 임차인은 임대차 기간 내라면 임대인이 함부로 임차인에게 나가라마라 할 수 없다. 하지만 직원은 아니다. 직원은 회사의 지시에 따라야 한다. 회사가 나가라면 나가고 들어오라면 들어가야 하는, 회사의 '수족'과 같은 사람이다. 유치권자의 직원이 부동산을 지켰다면 이는 유치권자가 직접 점유한 것이다.

유치권자라도 공짜로 쓸 수 없는 부동산

부동산의 사용·수익은 어디까지나 소유자의 몫이다. 낙찰 받은 부동산에서 유치권자가 거주하며 부동산을 쓰고 있다면 차임을 요구할 수 있다. 차임이 쌓여 유치권자가 못 받은 돈을 넘어서면 유치권자에게 못 받은 돈이 없으니 나가라고 주장할 수 있다.

법원 경고를 무시한 유치권자의 최후

경매가 시작됨을 알리는 경매개시결정 기입등기는 부동산 등기사항증명서 중 어디서 확인할 수 있을까? 갑구에서 확인하면 된다. 유치권이 신고된 물건은 특히 경매개시결정이 언제 있었는지 반드시 한 번은 확인해야 한다.

경매개시결정은 부동산에 압류의 효력이 발생한다는 것이다. 압류라는 것은 부동산 소유자에게 더는 부동산의 가치를 떨어뜨리는 행위를 하지 못하도록 '경고'다. 유치권의 발생은 낙찰가를 낮추니 부동산의 가치를 떨어뜨리는 일이므로 경매개시결정 이후에 점유를 개시한 유치권자는 압류를 위반한 사람에 불과하다. 법에 반한 사람을 보호할 필요는 없다. 경매개시결정등기 이후 점유를 시작한 유치권자는 낙찰자의 부동산 인도 요구에 응해야 한다. 마찬가지로 못 받은 돈이 경매 절차 개시 이후에서야 발생했다면, 이 역시 법원의 경고를 무시한 유치권에 불과하다.

현황조사서와 감정평가서에서 유치권자의 점유를 확인할 수 없는데 유치권이 신고되어 있고, 낙찰 이후 갑작스레 유치권을 주장한다면 위 자료들을 활용해 유치권자의 점유가 없었다거나, 있다고 해도 경매개시결정 이후 있어 유치권 행사가 불가능하다고 지적할 수 있다.

유치권이 있어도 "나가!"라고 할 수 있는 사람

경매에 나온 토지 위에 다른 사람의 건물이 하나 있다. 이 때, 건물 소유자가 땅을 쓸 수 있는 아무런 권리가 없다면 토지를 낙찰 받은 사람은 건물주에게 건물을 철거하라고 요구할 수 있다. 낙찰자에게 건물은 '불법' 그 자체이므로 건물을 지은 공사업자가 유치권을 행사하더라도 토지 소유자는 공사업자 역시 나가라고 할 수 있다.

유치권자의 '못 받은 돈'이 문제일 때

낙찰 받은 부동산 현장을 방문하면 당장 눈에 보이는 것이 점유를 잘하는지이다. 그렇다고 점유가 부족한 것 같으니, 이 부동산의 유치권은 쉽게 깨지겠다고 단정해선 안 된다. 어떤 의뢰인은 중단된 공사 현장에 달랑 현수막 한 장 걸려 있더라며 아무도 관리를 하지 않고 있으니 유치권은 없는 게 아닌지 묻기도 한다. 점유는 상대적이다. 현수막이 걸려 있고 다른 사람의 출입이 자유롭지 못하도록 어느 정도 조치를 해둔 상태라면, 공사업자에게 못 받은 돈과 그를 뒷받침하는 증거가 있는 이상 법원은 유치권자의 점유를 쉽게 부정하지 않는다. '점유'보다 '못 받은 돈'에 대해 훨씬 조사를 많이 해야 하는 이유다.

어디에 투입된 못 받은 돈인가?

유치권자가 부동산에 들인 돈이 있어 부동산에 버티고 있다면, 낙찰자는 유치권자에게 쉽게 나가라고 할 수 없다. '부동산에 들인 돈'을 법률용어로 하면 '견련성 있는 채권'이다. 부동산을 '만드는데 들어간 돈'으로 생각하면 이해하기가 쉽다. 부동산에 들인 돈의 대표적인 예는 공사업자의 공사대금채권, 목적물에 대하여 지출된 유익비·필요비 등의 비용상환청구권 정도다. 둘 다 경매로 나온 부동산의 유치권자들이 자주 주장하는 못 받은 돈이다. 후자는 임차인이 청구하는 예도 있고, 간혹 유치권자가 유치권을 행사하면서 건물 관리에 들어간 돈이 있다며 주장하기도 한다.

견련성이 부정된 예는 임차인의 임대차 보증금 반환청구권과 상가 임차인의 권리금 반환청구권, 매도인의 매매대금 청구권과 같은 것이 있다. 모두 부동산 그 자체에 들어간 돈이라고 보기는 어렵다. 임대차보증금이야 임대차 계약을 했으니 발생한 돈이고, 매매대금은 매매 계약상 발생한 돈일 뿐 부동산을 물리적으로 만들거나 구성하는데 들어간 돈은 아니다.

건물 지은 사람의 토지 유치권 행사

건물 신축의 일환으로 토지 공사가 필요한 때가 있다. 이런 공사를 한 공사업자가 토지 유치권이 있다고 주장한다면 법원은 쉽게 인정하지 않는다. 애초 건물신축공사를 계획하지 않는다면 토지에 따로 하지 않을 공사기 때문이다. 그렇다면 토지 유치권이 인정되는 때는 언제일까? 필자의 경험상 대표적인 예는 토지의 '형질변경'이 일어날 정도로 공사가 진행된 때다. 산을 깎아 대지화 한 뒤에 주택을 세웠을 때와 같이 토지 본래의 모습대로라면 도저히 건물을 지을 수 없는 정도여서 건물을 짓기 위해 토지 자체의 형상을 변경하는 본격적인 공사가 진행된 경우라면, 토지에 들인 돈으로 견련성이 인정된다.

짓다만 건물의 못 받은 공사비

낙찰 받고 싶은 땅에 콘크리트로 된 바닥이 있다. 매각물건명세서를 보니 유치권 신고도 되어 있다. 땅을 낙찰을 받으면 유치권자가 주장하는 돈을 줘야만 하는 걸까? 유치권 행사의 대상이 될 수 있는 '건물'은 대법원 판례에 따르면 최소한의 기둥, 지붕 그리고 주벽 정도는 갖춰야 한다. 콘크리트 바닥을 독립한 건물이라고 하긴 어려우므로, 일단 이 구조물 자체에 대한 유치권 행사는 힘들다.

그렇다면, 이런 구조물이 놓인 '땅'에 대한 유치권 행사는 가능한지도 살펴야 한다. 대법원은 구조물에 대한 공사대금은 구조물을 만드는 데 들어간 돈일 뿐, 토지에 대한 공사로 투입된 비용으로 보기 어렵다고 판단한다. 구조물 그 자체에도, 토지에도 유치권 행사가 모두 어렵다.

유치권으로 지킬 수 없는 오래된 공사대금

유치권 신고가 있지만 겉보기에 공사가 중단된 지 한참 되어 보이는 곳도 있다. 공사대금을 받기 위한 법적인 노력을 아무것도 하지 않고 3년의 세월을 보내면 못 받은 공사대금은 법적으로 소멸한다. 유치권을 행사해도 못 받은 돈의 소멸시효는 아무런 방해 없이 쭉 흘러간다. 소멸시효 기간이 끝나면 공사업자는 더 이상 유치권을 행사할 수 없다.

하지만, 소멸시효와 관련한 부분은 '보너스' 정도로 여기자. 소멸시효는 권리를 가지고 있는 사람이 어떻게 행동했느냐에 따라 중단되기도 하고, 소멸시효 중단 사유가 사라진 시점부터 새롭게 시작되기도 한다. 제3자인 응찰자로서는 공사업자가 공사대금을 받기 위해 어떤 행위를 했는지 속속들이 알기 어렵다. 무엇보다 공사업자들도 공사대금의 소멸시효가 짧다는 것을 잘 알고 있어 소멸시효가 완성되지 않도록 여러 권리행사를 잘해두는 편이다. 공사업자가 공사대금 판결을 받게 되면 3년에 불과하던 소멸시효가 10년으로 늘어난다. 유치권자가 부동산 가압류를 해두거나 채무자로부터 공사대금 안 준 게 얼마라는 취지의 채무 승인서 같은 것을 주기적으로 받아두었다면 이 또한 소멸시효 '중단' 사유이다.

허락 없이 쓰면
소멸하는 유치권

아무리 못 받은 돈이 있더라도 유치권자는 유치물을 보존하는 수준을 넘어서 자기 마음대로 써서는 안 된다. 법은 유치권자에게 '선량한 관리자'의 주의를 다해 유치물을 점유할 것을 요구한다. 유치권자가 채무자 허락 없이 유치물을 사용, 대여, 담보 제공한 경우 '채무자'가 유치권 소멸 청구권을 행사할 수 있다. 대법원은 유치권 소멸 청구를 할 수 있는 사람에 채무자와 소유자 모두가 포함된다는 취지로 판단하는데 소유자에 해당하는 낙찰자 역시 유치권 소멸 청구권을 행사할 수 있다. 단, 유치물 사용이 유치물 '보존'에 필요한 사용이라면 소멸 사유가 되지 않는다. 유치물을 빈집으로 내버려 둔다면 사람이 살면서 관리하는 것보다 아무래도 집이 망가질 수밖에 없다. 겨울에 동파를 방지하기 위해 난방을 튼다거나, 먼지가 쌓이지 않게 청소하는 정도의 사용을 유치물 보존에 필요한 사용이라고 볼 수 있다.

채무자_{소유자}가 유치권자에게 자기 물건의 사용·대여·담보제공을 허락하는 일은 생각보다 비일비재하다. 돈을 마련한 길 없는 건축주는 공사업자에게 직접 분양이나 임대해서 수익이 발생하면 공사대금에 충당하라는 취지의 동의서를 쉽게 작성해 준다. 반면, 소유자_{채무자}가 연락이 닿지 않거나 사이가 매우 나빠져 유치권자가 실컷 유치물을 다른 사람에게 대여해줬으면서도 동의서를 재판에 제출하지 못하는 때도 있다. 이때는 유치권 소멸 사유가 발생해 유치권이 사라졌다고 지적해야 한다.

이러한 유치권 소멸 청구권은 유치권자의 행동이 실제로 소유자에게 손해가 발생했는지와 관계없이 행사할 수 있다.

🔍 심화

유치물 보존에 필요한 '사용'과 유치권 소멸청구 사유가 되는 '사용'은 어떤 차이가 있을까?

여러 판결을 종합해보면 유치권자나 그의 가족이 유치물을 건물 용도에 크게 벗어나지 않는 형태로 사용·수익하는 경우는 유치물의 보존에 필요한 사용으로 평가될 가능성이 크다. 유치권자가 제3자에게 유치물을 쓰도록 한 때는 공짜로 대여했더라도 채무자의 승낙을 받아야 하는 '사용'이라고 보기도 한다. 그러나 유치물을 빌려주고 대가를 받았더라도, 그 대가를 건물 유지하는 데 대부분 사용하였고, 차임 자체도 소액이라면 유치물 보존에 필요한 사용이라고 본 판결도 있다.

구체적인 사실 관계마다 유치권자가 유치물 사용 대가를 어떻게 사용했는지, 유치권자와 제3자의 관계가 어떻게 되는지, 유치권자가 건물을 사용한 형태가 공실로 비워두는 것보다 유치물 유지에 도움이 되는 행위인지 아니면 그보다 가치의 감손이 더 심해 이 정도라면 소유자(채무자)의 동의가 필요하겠는지를 종합적으로 따져봐야 한다.

쪼개지지 않는 권리, 유치권

하나의 공사계약으로 빌라 다섯 동을 지은 공사업자가 공사대금을 받지 못했다. 빌라 한 채에 12세대, 총 60개 호수가 있다. 이 중 한 채의 빌라를 낙찰 받았다면 유치권자가 못 받은 공사대금의 60분의 1만 받고 낙찰 받은 빌라의 유치권을 풀어달라고 할 수 있을까? 그렇지 않다. 공사업자는 60채의 빌라 중 단 한 채만 점유하면서도 해당 공사 현장에서 받지 못한 공사대금 전액을 달라고 요구할 수 있다. 유치권의 '불가분성' 때문이다. 불가분不可分, 나눌 수 없다는 뜻이다.

빌라 전체 공사로 돈을 받지 못한 유치권자가 있을 때, 막연히 전체 공사대금 중 내가 낙찰 받은 집에 해당하는 공사대금만 내면 유치권을 풀어주겠지라고 생각하면 안 된다. 유치권자가 먼저 불가분성을 포기하고 낙찰자에게 제안한다면 가능할 수 있지만, 기본적으로 낙찰자가 유치권자에게 강제할 수 없는 요구다.

한 건물, 여러 업체가 유치권 행사하는 이유

건축주 A가 B 종합건설과 단독주택 신축공사계약을 체결한다. B 종합건설이 직접 모든 공정을 다하는 경우는 드물다. 철거공사, 터파기공사, 골조공사, 전기공사, 수장공사, 인테리어 공사 등 종합건설사가 공정별로 다른 업체와 공사계약을 체결하는 경우가 상당수다. 위 사례에서 B 종합건설과 재차 공사계약을 한 공사업자들을 '하수급업자'라고 한다.

건축주가 돈을 주지 않으면 B 종합건설도 하수급업자들에게 약속한 공사대금을 줄 수 없다. 이 때, 하수급업자들은 B 종합건설과 별개로 독립적인 유치권 행사가 가능하다. 따라서 하수급업체가 별개로 유치권 행사를 하는 부동산을 낙찰받았다면, B 종합건설이 받을 공사대금은 어차피 하수급업자들에게 줘야 할 돈이라고 생각해 유치권 행사 중인 다른 하수급업체와 접촉 없이 B 종합건설과만 합의해서는 안 된다.

낙찰자는 B 종합건설과 합의할 때, B 종합건설에게 합의금을 지급함과 동시에 B 종합건설이 다른 하수급 업체의 유치권을 모두 해결하여 부동산을 완전히 넘겨줄 것을 조건으로 합의금을 지급하겠다고 해야 한다. 행여나 B 종합건설이 하수급업자들에게 공사대금을 지급하지 않는다면, 낙찰자는 B 종합건설이 하수급업자들에게 공사대금을 다 지급할 때까지 기다리거나 새롭게 하수급업자들과 합의해야 하기 때문이다.

[성공 사례]
어떻게 K씨는 단 '한 건'으로
20억 원의 수익을 냈나?

K씨는 무엇에 주목해 낙찰받았나?

서울에서 유명한 고급 주택가의 한 빌라가 경매로 나왔다. 유치권이 신고된 물건이었다. 그림 1의 <※비고란>을 살펴보면, A건설이 못 받은 돈이 최종적으로 24억 원에 가깝다고 유치권을 신고했다. 이미 여러 법원에서 유치권이 존재한다는 판결까지 받았다. 그런데 점유자 정보를 보니, B라는 사람이 확인된다. 유치권자와 어떤 관계인지 확인이 필요요. B는 전입 신고일이 2010. 6. 1.이고 말소기준 권리는 2007. 9. 12. 근저당권으로, B가 낙찰자에게 대항력을 행사할 수 있는 제3자는 아니다. 그러나 B가 2010. 6. 1.부터 전입해 거주해오고 있다면 2016년경

기준으로 무려 6년 이상 유명한 고급빌라에서 산 것이다. 발생한 차임은 없을까? 점유현황조사서도 한 번 살펴보자.

그림 1 매각물건명세서

그림 2의 점유현황조사서상 B의 '가족'이 살고 있다고 나와 있다. 실제로 B의 딸이 현황조사를 하러 간 집행관과 면담을 한 사정도 있다. 아무래도 B의 가족이 A건설과 무슨 관계인지 깊게 조사해야겠다. 이 물건은 한때 우리나라에서 가장 월세가 높은 부동산으로 꼽히기도 했다. 신문 기사를 통해 검색할 수 있었는데, 최대 월 1천만 원의 차임까지 받을 수 있는 물건이었다. 유치권자가 24억 원이나 되는 공사대금을 받지 못했다고 신고했다. 월세를 1천만 원까지 받을 수 있는 부동산에서 공짜로 B의 가족을 살게 했을까? 만약, 임대차 계약을 체결했다면, 유치권자 A건설은 소유자로부터 동의를 받아야 한다. 여기서 한 가지 더 살펴봐야 하는 자료가 있다. 바로 문건송달 내역이다.

그림 2 점유현황조사서

소유자 C에게 경매개시결정정본이 발송되었지만 '기타송달불능'이 되었고, 이후 인천국제공항출입국관리사무소, 외교통상부, 서울출입국관리사무소 등에 사실조회서가 발송된 것이 보인다. 아마도 국내에서 C의 소재지를 발견하는 게 쉽지 않았던 모양이다. 소유자 C의 소재지가 확인되지 않는데, 유치권자라고 C와 연락이 닿았을까? 만약, 유치권자조차도 C와 연락을 계속해 취하지 못했다면, 유치권자는 동의 없이 유치물을 무단으로 대여했을 가능성이 있다.

날짜	내용		결과
2015.03.09	채권자	주소보정명령등본 발송	2015.03.12 도달
2015.03.20	소유자1	개시결정정본 발송	2015.04.05 기타송달불능
2015.03.20	법원	지방법원 집행관 귀하 촉탁서 발송	2015.03.25 도달
2015.05.18	채권자	주소보정명령등본 발송	2015.05.21 도달
2015.05.28	소유자1	개시결정정본 발송	2015.06.09 기타송달불능
2015.05.28	법원	지방법원 집행관 귀하 촉탁서 발송	2015.06.02 도달
2015.07.10	채권자	주소보정명령등본 발송	2015.07.15 도달
2015.07.29	채권자	보정명령등본 발송	2015.08.03 도달
2015.07.29	소유자1	개시결정정본 발송	2015.08.13 도달
2015.08.05	기타 인천국제공항출입국관리사무소 사실조회서 발송		2015.08.08 도달
2015.08.05	기타 외교통상부 영사서비스과 영사지원팀 사실조회서 발송		2015.08.07 도달
2015.08.25	등기소 서울출입국관리사무소 사실조회서 발송		2015.08.28 도달
2015.11.17	가등기권자	매각및 매각결정기일통지서 발송	2015.11.17 송달간주
2015.11.17	가등기권자	매각및 매각결정기일통지서 발송	2015.11.17 송달간주

그림 3 문건송달내역

20억 원짜리 유치권이 인정되지 않은 이유

이 사건은 쉽지 않은 소송이었다. 유치권자가 이미 여러 건의 판결을 통해 유치권이 존재한다고 인정받았는데, 법원도 이를 뒤집는 판단을 하기란 쉽지 않았을 거다. 경매 절차에서 제공되는 여러 서류를 통해 B에 대한 유치물의 대여에 A건설은 채무자_{소유자}의 동의를 받지 않았을 가능성이 높다고 봤다. 소장도 이러한 내용을 중심으로 구성되었는데, 담당 판사를 법정에서 처음 만난 날, 판사는 낙찰자의 지적이 타당한 면도 있지만, 앞선 판결을 뒤집는 판결은 어렵다고 말했다.

24억 원이나 되는 공사대금을 깎아내기 위해 상당한 노력이 필요했다. 공사대금이 존재하지 않을 거란 수백 장의 서면을 제출한 뒤에야 법원의 선입견을 벗겨낼 수 있었다. 유치권자는 우리의 유치권 소멸청구와 관련해 B 가족이 유치권자의 '직원'이라고 강조했다. 그러나 직원이라면 모름지기 4대 보험이 가입되어 있다던가, 연속적으로 월급을 지급한 사정이 객관적인 서류로 뒷받침되어야겠지만, A건설은 쉽사리 이런 서류를 제출하지 못했다.

유치권자가 주장하는 공사대금도 건물 전체에 대한 공사대금인지 아니면 특정 호수에 대한 공사대금인지 불명확했다. 그에 반해, 유치권자는 전체 세대 중 오로지 3개 호수에 대한 공사 대금판결을 각각 받아두었었다. 의뢰인이 낙찰 받은 호수에 인정된 공사대금은 3억 원에 불과했고, 유치권자가 불가분성을 스스로 포기했다고 볼만한 정황도 여럿 발견되었다. B가 전입한 2010. 6.경부터 이 부동산에는 전기·수도 사용량이 꾸준히 발생했다. 웬만한 4인 가족이 살아왔다고 볼 수 있는 수준이었다. 2010. 6.부터 발생한 차임을 공사대금 3억 원에서 공제하니, 오히려 의뢰인이 소유권을 취득하고 난 시점부터 받아야 할 차임이 더 컸다.

유치권자는 C가 행방불명되어 공사대금을 받아내기 쉽지 않았다고 주장했다. C로부터 B 가족이 유치물에 사는데 동의받지 않았다는 걸 반대로 드러낸 것이다. 의뢰인의 승소였다. 판결 이유는 못 받은 돈이 없다고 여러 논리로 지적한 것이 무색하리만큼, 소장에서 지적한 내용이 곧 판결 이유가 되었다. C의 동의를 받지 않고 A건설이 B가족에게 유치물을 대여했고, 의뢰인이 낙찰받은 이후에도 여전히 B 가족이 살고 있었는데 새로운 소유자 역시 이러한 대여에 동의한 사실이 없어 유치권 소멸청구 사유가 발생했다는 것이다.

K씨의 경매 공부, 치밀한 손품·발품

감정가 25억 원 기준으로 의뢰인은 유치권자의 공사대금을 고려해 10억 원 초반 대에 이 물건을 낙찰 받았다. 고급빌라이고 세대 수가 많지 않아 정확한 시세를 말하는 데 어려움이 있지만 2023년 적어도 30억 원 후반 대까지 가격은 오른 것으로 보인다.

이 사건은 경매 절차에서 제공하는 서류로 특이점을 발견해볼 수 있는 물건이기도 했고, 의뢰인 본인이 대단히 치열하게 발품을 팔아 정보를 수집해왔다. 낙찰 전후로 관련된 인물들을 빠짐없이 거의 다 만나본 거다. 무엇보다 경매 절차 전반과 관련한 법률용어 공부를 충분히 한 의뢰인이었다. 이러한 공부가 뒷받침되니 손품과 발품을 어떻게 팔아야 하는지에 대한 이해가 있었고, 실행력까지 뒷받침되어 소송에 제출할 만한 훌륭한 증거들을 수집했다.

chapeter 2
소유권 뺏어가는 선순위 가등기

선순위 가등기의
경고

낙찰 받아도 언제든지 소유권을 뺏길 수 있는 물건은 '선순위 가등기'가 인수되는 부동산이다. 가등기권자가 가등기 순위에 따라 소유권을 취득하면 뒷순위 등기들은 모두 지워진다. 낙찰자의 소유권이전등기도 마찬가지로 지워져 소유권을 잃는다. 소유권을 빼앗긴다니 어떻게 하면 이런 물건을 미리 알고 피할까? 너무 걱정할 필요는 없다. 매각물건명세서에 '등기된 부동산의 권리로 매각으로 효력을 잃지 아니하는 것' 란에 낙찰자^{매수인}가 인수하는 등기로 법원은 분명하게 표시해준다.

선순위 가등기 물건
해결법

가등기가 있는 부동산은 언제든지 소유권을 빼앗길 우려가 있어 웬만한 사람은 사지 않는다. 소유권을 빼앗기지 않고 부동산을 제 가치로 올려놓으려면 가등기를 지워야 한다. 가등기를 협상으로 지우기란 쉽지 않다. '가등기 말소 소송'을 가등기권자를 상대로 진행해, 가등기가 허위라거나 그 외 법률적으로 지워져야 할 등기라는 점을 강조해 승소하면, 판결문만으로 낙찰자는 가등기를 일방적으로 지울 수 있다. 가등기 말소 소송에서 패소하면, 전 집주인 또는 경매 절차에서 배당받아 간 사람들을 상대로 낙찰대금을 내놓으라는 취지의 소송을 할 수 있지만, 완전한 회수를 장담하기란 어렵다.

어떤 사람들은 선순위 가등기 있는 물건을 원수에게도 권하면 안 되는 무서운 특수물건이라고 표현한다. 맞는 말이다. 선순위 가등기 있는 부동산은 필자도 위험성 높은 물건으로 소송을 하면서도 까다롭다는 느낌을 받는다. 반면에 이런 점 때문에 가등기 있는 물건은 다른 물건에 비해서 유찰회수가 많아 잘하면 아주 싼 가격에 낙찰 받을 수 있다. 가등기에 기한 본등기가 되면 소유권도 잃고 투자금 회수도 쉽지 않으니 비싼 가격에 낙찰 받아서는 안 된다.

시세의 2~30% 또는 그보다도 낮게 낙찰 받아 가등기 말소 소송에서 승소해 가등기를 지워 멀쩡한 물건으로 만들면 상당한 수익이 발생한다. 어려운 특수물건이지만 성공 사례들도 있다. 가등기는 누가 하는지, 어떤 힘이 있는지, 가등기가 인수되었더라도 어떤 부분을 다투면 지워질 수 있는지 살펴보자.

가등기,
왜 하는 걸까?

나중에 소유권 등기할 사람의 가등기

토지를 사고 싶지만 당장 매매대금 전액을 주고 소유권 등기를 이전해 올 여력이 되지 않을 때가 있다. 이때, 등기 '순위'만 미리 맡아두고자 가등기를 해둘 수 있다. 훗날, 가등기권자가 소유권 등기를 하면 가등기 뒤의 등기들은 모두 지워진다.

돈을 빌려준 사람의 가등기

담보 가등기는 돈을 빌려주고 부동산을 담보하기 위해 설정한 가등기다. 경매 절차상 가등기권자가 본인이 받을 돈이 얼마인지 밝히면, 경매법원은 가등기권자가 돈을 받기 위해 등기를 해둔 사람으로 배당받아야 하는 채권자로 분류한다. 저당권이나 가압류·압류 등기와 같이 담보 가등기는 경매 절차가 종료하면 말소된다.

돈을 빌려주고 저당권^{근저당권}이 아니라 가등기를 설정하는 이유는 무엇일까? 팥쥐가 콩쥐에게 1억 원을 빌려주는 데 콩쥐가 가진 재산이라고는 1억 원짜리 단독주택 한 채 밖에 없다. 팥쥐는 콩쥐 단독주택에 '가등기'를 해두고 콩쥐가 돈을 갚지 못하면, 단독주택에 소유권이전등기^{본등기}를 하면서 콩쥐 집을 자기가 갖는다. 콩쥐가 빌려 간 돈을 단독주택으로 대신 회수하는 거다. 법률 용어로는 돈 대신 물건으로 갚는다고 하여 '대물 변제'라고 한다.

보통, 담보 가등기권자는 경매 절차상 배당요구종기 시까지 권리 신고 및 배당요구를 한다. 이 때, 경매법원은 경매 절차 종료와 함께 말소되어야 할 가등기로 보고 이를 매각물건명세서의 '비고란'에 기재하곤 한다. 최선순위로 말소될 등기라면 말소기준권리로 표시하기도 한다.

4

가등기의 힘

가등기는 기본적으로 '순위보전'의 효력이 있다. 본등기를 하게 되면 본등기를 한 때의 순위가 아니라, 가등기의 순위가 곧 본등기의 순위가 된다. 가등기와 본등기 사이의 등기들은 본등기와 함께 모두 말소된다.

순위를 맡아놓은 가등기권자는 가등기를 설정해준 전 소유자와 공동으로 본등기를 신청할 수 있다. 여기서 주의할 점은 '가등기를 설정해준 당시의 소유자'와 등기소에서 본등기를 할 수 있다는 거다. 이 때문에 선순위 가등기 있는 물건을 낙찰 받은 사람은 자기도 모르는 사이에 소유권을 잃는 상황을 맞닥뜨리기도 한다.

경매 절차상
가등기 취급

**최악만 알리는
경매법원**

경매 절차상 법원은 가등기권자에게 담보 가등기인지를 밝히라는 취지로 통지한다. 가등기권자가 어떤 가등기를 했는지 권리신고를 하지 않아 경매를 진행하는 법원이 가등기 성격을 알 수 없을 때, 가등기가 등기사항증명서상 최선순위이면 '순위보전의 가등기'로 보아 낙찰자에게 그 부담이 인수될 수 있다는 취지를 매각물건명세서에 기재한다. 경매 절차에서 가등기의 진짜 성격이 무엇인지 살피지 않는다. 돈을 받아 갈 채권자를 위해 '신속성'이 중요한 경매 절차에서 법원은 성격을 알 수 없는 가등기가 최선순위라면 낙찰자에게 가장 부담이 큰 권리로 알리면 그만이다.

가등기의 진짜 성격을 가르는 기준

가등기 중에는 등기원인이 '매매예약'이 아니라 물건으로 돈을 갚기로 예약한다는 뜻의 '대물변제예약'인 경우도 있다. 그러나 가등기의 성격은 등기원인이 아니라 실제 채권을 담보하는 가등기 인지에 달려있다. 등기원인이 대물변제예약이라고 해서 무조건 돈을 빌려주고 한 채권 담보 가등기라 봐서도 안 되고, 장차 부동산을 사고팔기로 예약한 '매매예약'이라고 해서 소유권이전등기청구권보전을 위한 가등기라고 단정지을 필요도 없다.

경매가 끝나면 지워질
빚쟁이의 가등기

가등기 담보등에 관한 법률

가등기 담보등에 관한 법률^{이하 '가등기담보법'이라고한다.}에 따르면 담보가등기는 근저당권과 같이 경매 절차상 우선 변제권이 인정되고, 순위는 담보 가등기를 마친 시점이 기준이 되어, 경매 절차 종료와 함께 말소된다.

사채업자에게 1,000만 원을 빌린 집주인이 사채업자에게 1억 원짜리 단독주택에 가등기를 설정해주었다고 해보자. 1년 뒤 변제일에 연 10%의 이자까지 포함해서 총 1,100만 원만 갚으면 되는데, 집주인이 돈을 갚지 않아 사채업자가 본등기를 요청하면 집주인은 빌린 돈 1,100만 원 때문에 1억 원짜리 집을 잃게 된다. 사채업자로서는 받을 돈이 1,100만 원이 있는 것을 기회로 1억 원짜리 집을 얻게 되는 무려 10배 장사가 가능한 어마어마한 폭리를 취하는 구조이다. 가등기담보법은 사채업자가 이처럼 가등기를 악용해서 폭리를 얻지 못하도록 하는 취지에서 제정된 법률이다. 본등기를 하기까지의 과정과 본등기 후 청산하는 절차까지 법에서 자세하게 규정되어 있다.

경매 절차상 가등기권자가 받을 돈이 있어 배당받고 싶다고 권리 신고하면 실무에서는 가등기담보등에 관한 법률이 적용되는지를 특별히 따져보지 않고 경매 절차가 종료하면 말소되어야 할 가등기로 처리하는 경향이 있어 보인다. 그러나 권리 신고 없는 최선순위 가등기가 일단 낙찰자에게 인수되면 단순히 돈을 빌려주고 설정한 가등기라는 사실만으로는 경매 절차에서 지워지지 않은 게 문제라고 지적하기 어렵다. 뒤에서 살펴보는 것처럼 가등기담보법이 적용될 수 있는 사실들이 추가로 있어야만 말소될 가등기라고 주장해볼 수 있다.

적용 조건이 까다로운 가등기담보법

가등기담보법은 가등기가 설정된 부동산의 가치가 집주인이 빌린 돈보다 많을 때만 적용된다. 빌린 돈의 성격도 오로지 돈을 대여하는 계약이어야 한다. 법률용어로는 '소비대차'에 의해 발생한 채권일 것이 요구되는데, '사채'를 쓴 경우에 적용된다고 생각하면 된다.

공사업자가 공사대금을 받지 못해 가등기를 설정하였다면, 이때 공사업자가 받을 돈은 돈을 빌려준 계약금전소비대차이 아니라 '공사계약'으로 발생한 것이다. 가등기담보법에 따라 공사업자의 가등기는 경매 절차상 말소되어야 한다고 주장하기 어렵다. 받을 돈이 있는 가등기라는 이야기를 듣더라도 무작정 소송하면 지울 수 있는 등기라고 생각할 것이 아니라, 가등기담보법 적용이 가능한 가등기인지 살펴야 한다.

오래된 가등기

등기된 지 오래된 가등기라면 '매매예약완결권'이 소멸했다며 가등기 말소를 청구할 수 있다. 장차 부동산을 매매하기로 약속한 당사자들은 '매매예약'을 하고, 가등기권자는 소유권이전등기청구권 보전을 위한 가등기를 해둔다. 어디까지나 '예약'을 해둔 것이기 때문에 가등기권자가 본등기를 하기 위해서는 본 계약이 성립되어야 한다. 가등기권자가 본 계약을 성립시킬 수 있는 권리를 매매예약'완결'권이라고 한다.

매매예약완결권은 당사자 사이에 약정해두면 그 기간 내에 하면 족하고, 그러한 약정이 없는 때에는 예약이 성립한 때로부터

10년 이내에 행사해야 한다. 그 기간이 지나면 예약 완결권은 '제척기간'의 경과로 소멸하게 된다. 제척기간은 일정한 권리에 대하여 법률이 미리 정해놓은 '존속기간'이다. 제척기간 내에 권리를 행사하지 않으면 그 권리는 당연히 소멸한다. 소멸시효는 일정한 기간 동안 권리를 행사하지 않으면 권리가 소멸하는 것인데, 제척기간은 기간의 경과 그 자체만으로 권리가 소멸한다. 제척기간은 소멸시효와 달리 흘러가는 기간을 중단하거나 정지시킬 방법이 없다. 매매예약완결권이 제척기간이 지나 소멸하면, 가등기권자는 더는 매매예약 완결을 통해 본등기를 할 수 없다.

다만, 제척기간도 소멸시효와 같이 '보너스'로 생각해야 한다. 매매예약완결권의 '행사 기간'을 10년보다 장기로 약정하는 게 가능하기 때문이다. 당사자 사이에 매매예약완결권의 행사 기간을 30년으로 정했을 때, 대법원은 이런 약정 또한 가능하다고 했다. 등기사항증명서만 봐서는 당사자들이 매매예약완결권 행사 기간을 몇 년으로 약정했는지 알기 어렵다. 10년이 넘은 가등기라고 해서 무작정 매매예약완결권이 소멸했다고 단정 지어서는 안 된다.

[성공 사례]
선순위 가등기가 있는 부동산,
어떻게 허점을 잡았나?

선순위 가등기가 있는 물건, 섣불리 덤벼서는 안 되는 물건이다. 그런데 사람들의 이런 인식 탓일까? 선순위 가등기는 소유자, 채무자 측에서 자신의 물건이 경매로 넘어가더라도 아무나 쉽게 낙찰 받지 못하게 할 용도로 쓰이기도 한다. 진정한 의사로 가등기를 설정해두고, 이를 뒷받침하는 서류도 잘 갖춰 두는 사례도 있지만, 허술하게 만들어 둔 사례에서는 소송에서 여러 증거신청을 통해 결국 들통이 나기도 한다.

거짓으로 설정한 가등기

지방의 한 토지를 낙찰 받은 의뢰인이 있었다. 전 소유자와 가등기권자는 장모와 사위 사이라고 한다. 장모는 경매를 통해 토지를 낙찰 받았고, 낙찰 받자마자 사위가 가등기했다. 사위는 다른 지역에서 직장을 다니고 있어 낙찰 받은 부동산은 당장 쓸모가 없어 보였다. 낙찰 이후 가등기권자인 사위를 상대로 가등기 말소소송을 제기하였다. 가등기권자인 사위는 향후 사업을 할 계획이 있어 토지에 가등기를 해놨다고 주장했다. 장모가 아니라 사위가 직접 토지를 낙찰 받으면 될 일이 아니었는지 반문할 수밖에 없었다.

문제는 사위가 장모에게 가등기를 위해 매매예약금을 지급했다는 부분이었다. 사위가 장모에게 1억 원의 매매예약금을 계좌이체 했다고 주장했으나 재판상 금융 계좌 내역을 좀 더 살펴보니, 장모는 사위한테 받은 1억 원을 당일 수표로 전액 출금하였고, 돌고 돌아 돈은 다시 사위에게로 갔다. 선순위 가등기를 허위로 꾸며내기 위해 이체내역도 만들어 둔 것이었다. 거짓 가등기가 유효할 리 없다. 법원은 의뢰인의 가등기 말소 청구를 받아들였다. 발품을 팔아야 하는 내용이지만, 전 소유자와 가등기권자가 가족, 지인 등 서로 잘 아는 사정이 확인된다면 가등기를 설정하게 된 전후 관계를 좀 더 조사해볼 필요가 있다. 가등기를 '허위'로 만들어 낼만 한 사정이 있는지 살피기 위해서다.

알고 보니 지워져야 할 빚쟁이의 가등기

수도권의 유망한 지역에 토지를 낙찰 받은 의뢰인이 있었다. 선순위 가등기 있는 물건을 감정가의 20% 정도에 낙찰 받았지만, 가등기를 말소시킬 수 있는 사실관계에 무엇이 있는지 아무런 조사가 안 되어 있는 상태였다. 선순위 가등기가 있는 물건을 낙찰 받아 찾아오는 의뢰인들은 방대한 조사가 뒷받침된 고수들이 대부분이어서 이 사건은 큰일 났다 싶었다. 아무리 싸게 낙찰 받았다 하더라도, 본등기가 되면 투자금을 고스란히 다 날릴 수 있는 상황이었다.

낙찰 받은 토지는 분필이 된 토지였다. 원래 하나이던 큰 땅이 수 개의 필지로 쪼개졌고, 쪼개진 필지 중 하나를 의뢰인이 낙찰 받은 것이었다. 선순위 가등기는 땅이 쪼개지기 전 전체 필지에 설정되었다. 쪼개지기 전 원래의 주소에 해당하는 토지의 등기사항증명서를 열람해봤다. 쪼개지기 전 토지를 이해가 쉽게 A 토지라 하고 의뢰인이 낙찰 받은 토지는 A-1 토지, A-1 토지보다 앞서 경매로 소유권이 넘어간 토지를 A-2 토지라 하겠다. A-2 토지는 2년 전 이미 경매로 한 차례 소유권이 넘어간 상태였다. 해당 경매절차의 법원 문건송달내역 상 가등기권자의 권리 신고 및 배당요구 신청서가 확인되었다. 가등기권자가 배당해 달라고 했다는 것은 돈을 빌려주고 이를 담보하기 위한 가등기일 가능성이 컸다.

가등기권자가 이런저런 주장을 하기는 했지만, 결국 돈을 빌려주고 설정한 가등기라는 사정이 여러 증거를 통해 확인되었다. 가등기담보등에관한법률이 적용될 수 있는 사안이라, 다행히도 의뢰인은 가등기 말소 소송에서 승소할 수 있었다. 한참 부동산 값이 오르던 시기에 감정가의 5분의 1 수준에서 토지를 낙찰 받아 기본 500%의 수익이 발생한 성공사례 중 하나로 마무리할 수 있었다. 하지만 돈을 빌려주고 설정한 가등기라 해서 아무 때나 다 말소되는 것은 아니다. 앞에서 필자가 필요한 조건들을 설명해두었으니 참고하자.

chapter 3

소액 투자로
접근하는
지분경매

지분 투자법

세금 문제 때문에 아파트 같은 경우 부부가 2분의 1 지분씩 공유하는 경우가 많다. 그 중 한 사람의 지분만 경매로 나오면, 전체 아파트의 2분의 1 가격이 아니라 '지분'이라는 사정 때문에 그 보다 낮은 가격에 낙찰된다. 토지나 건물을 여러 명이 공유하고 있다가 그중 한 명의 지분이 경매로 나오기도 한다. 지분경매는 소액으로 접근할 수 있다는 점 때문에 여러 투자자가 관심 있어 하는 분야다. 지분을 낙찰 받은 뒤 다른 공유자와의 마음만 잘 맞는다면, 온전한 부동산이 아니라 지분이라는 사정을 고려해 싼값에 낙찰 받고, 제값에 전체 물건을 팔아 받은 매각대금을 지분 비율만큼 받으면서 이득이 발생한다. 시세차익은 덤으로 따라붙는다.

2

지분 소유,
어디가 내 땅일까?

공유란 한 물건을 지분별로 여러 명이 소유하고 있는 것을 뜻한다. 하나의 물건을 여러 명이 공동으로 소유한다는 '합의'로 공유가 성립하기도 하며, 법률의 규정상 성립할 때도 있다. 후자의 대표적인 예로는 상속인이 여럿인 '상속재산'이 있다. 공유가 성립하기 위해서는 공유의 합의와 부동산에 대한 '등기'가 있어야 한다. 공유 등기에는 공유지분 비율이 표시된다.

필자와 갑돌이가 토지를 2분의 1지분씩 공유하고 있다고 가정하자. 땅 절반에 경계를 설정하고 필자 마음대로 건물을 신축해도 될까? 아니다. 공유자는 공유 물건의 어떤 부분도 완전한 자신의 것이라고 말할 수 없다. 다른 공유자와 공유물 자체를 지분에 맞게 쪼개어 각자 소유하기로 하는 구분 소유적 공유에 합의한 것이 아니라면 말이다. 공유는 공유 재산의 흙 한 줌, 벽돌 한 장까지 본인의 '지분' 비율대로만 갖는다. 단독 소유와의 차이점을 분명히 알아둬야 한다.

공유자 혼자 할 수 있는 일,
할 수 없는 일

**공유자가 팔 수
있는 것**

공유자는 자신의 지분을 자유롭게
처분할 수 있다. 그러나 전체 공유물
은 다른 공유자의 동의 없이 제3자에
게 팔아넘길 수 없다. 다른 사람의 지분을 내 마음대로 팔 수 없기
때문이다.

**임차인을 들이려면
필요한 지분 비율**

공유물에 임차인을 들이는 행위는
공유물의 '관리행위' 중 하나다. 부동
산 전체 지분의 과반수로써 결정할

수 있다. 과반수 지분이 있는 공유자는 혼자서 이러한 관리행위를 할 수 있다. 그러나 이때도 임차인에게 받는 차임은 지분 비율대로 다른 공유자와 나눠야 한다.

무단 점유자 내보내려면 필요한 지분 비율

공유물을 제3자가 불법점유하고 있다면 지분 비율과 관계없이 공유자는 단독으로 제3자에게 나가라고 할 수 있다. 이는 전체 공유자를 위한 행위로, 공유물 '보존' 행위에 해당해, 다른 공유자의 동의를 받을 필요 없이 단독으로 할 수 있다.

🔍 **심화**

다른 공유자가 허락도 없이 공유물을 쓰는데, 나가라고 할 수 있나요?

경매 사건을 검색하다 보면 늘 반복해서 나오는 지분물건 있다. 바로 부부가 공유하던 아파트인데 남편이나 아내의 2분의 1지분만 경매에 나오는 경우이다. 등기사항증명서를 보면 내용상 사업을 하던 남편이 망하면서 남편의 지분만 경매로 나오는 때가 많다. 남편의 지분을 낙찰 받은 사람이 아내를 상대로 공유 부동산에서 나가달라고 할수 있을까? 대법원은 이런 경우, 아내를 상대로 한 낙찰자의 인도명령은 불가능하다고 판결 내렸다. 아내에 대한 낙찰자의 인도명령이 가능하다고 하면 반대로 낙찰자가 부동산을 점유할 때 아내도 인도 청구가 가능하다는 결론으로, 서로 인도 청구를 계속한다면 누구 하나도 제대로 부동산을 점유하기란 어려울 것이다. 이때 낙찰자가 할 수 있는 청구는 아내에게 부동산 전체에 대한 임료(예: 월세) 중 절반만큼을 청구하는 일이다. 아내가 계속해 임료를 내지 못하면, 임료 청구 소송을 진행해 판결문을 받아 이를 근거로 아내의 지분에 경매를 신청한다. 공유자우선매수청구권을 행사하면, 전체 부동산을 낙찰자가 비교적 싸게 취득할 기회가 마련된다.

공유관계 끝내고
싶을 때

공유의 끝은 분할 공유자는 자유롭게 공유물 분할을 청구할 수 있고, 공유물 분할을 통해 공유관계로부터 빠져나올 수 있다.

공유물은 원칙적으로 공유자들 사이의 '협의'로 분할할 수 있다.

반드시 모두가 참여해야 하는 분할 분할은 공유자 '전원'이 참여해야만 한다. 공유자의 일부가 제외된 공유물 분할은 무효이다. 협의로 공유물

분할이 어려운 경우, 이러한 사정을 들어 공유자는 다른 공유자

'전원'을 상대로 공유물 분할 청구 소송을 진행할 수 있다. 지분을 낙찰 받을 때는 훗날 공유물 분할을 대비하기 위해서라도 공유자 수가 너무 많은 부동산은 피하는 편이 낫다. 공유자가 많으면 이래저래 공유물 분할합의가 쉽지 않다.

공유물 분할 방법

공유물은 당사자 사이에 협의로 분할할 수 있고, 협의에 의한 분할이 어렵다면 '공유물 분할의 소'를 제기해 재판상 분할할 수 있다.

협의 분할의 방법에는 제한이 없으나, 재판상 분할은 '현물 분할'이 원칙이다. 협의 분할에 있어서도 현물 분할이 전형적인 분할 방법 중 하나다. 현물 분할은 공유물 그대로를 양적으로 분할하여 공유자가 분할된 부분을 단독소유하는 것을 뜻한다. 그러나 현물 분할은 쉽지 않다. 토지가 공유물이라면, 어디는 경사졌고, 어디는 도로에서 멀고, 어디는 나무가 많고 하는 식으로 같은 토지라 해도 가치가 달라 완벽한 현물 분할을 하기는 쉽지 않다. 주택이나 아파트라면 더더욱 현물 분할이 어렵다. 공유물 분할 소송에서 현물 분할을 하면 분할로 인해 공유물의 가치가 현저히 떨어질 우려가 있을 때, 법원은 경매를 통한 대금 분할을 명하게 된다. 전체 부동산을 경매에 부쳐, 매각대금을 지분 비율만큼 가져가는 것이다. 공유물의 경매분할을 명한 판결문의 당사자는 경매신청을 할 수 있는데, 이러한 경매는 '형식적 경매'에 해당한다.

경매 나온 지분,
먼저 살 수 있는 사람

지분경매에서는 경매에 나오지 않은 다른 공유자에게 '공유자우선매수청구권'이 인정된다. 다른 공유자는 매각기일까지 매수신청보증금을 지급하고, 최고매수신고가격과 같은 가격으로 채무자의 지분을 우선 매수하겠다는 신고를 할 수 있다. 이 경우에는 법원은 최고가매수신고가 있더라도 공유자에게 매각해야 한다. 공유지분의 매각으로 인하여 새로운 사람이 공유자가 되는 것보다는 기존의 공유자에게 우선권을 부여하여 그 공유지분을 매수할 기회를 주자는 데서 비롯된 권리이다. 다만, 대금 분할을 위한 전체 부동산 경매에서는 인정되지 않는다.

6

[성공 사례]
선순위 가등기+지분 부동산,
투자금 3배 수익으로 돌아왔다!

서울의 한 아파트 지분을 낙찰 받은 의뢰인이 있었다. 과반수 지분도 아닌 소수 지분에 불과한 물건이었는데, 선순위 가등기까지 인수되는 물건이었다. 의뢰인은 무엇에 주목해, 이런 물건을 낙찰 받은 걸까? 무엇이 의심스러웠고, 어디에 해결의 실마리가 있다고 생각한 걸까? 이 물건의 응찰자가 되었다고 생각하고, 공개된 정보 중에 어떤 부분이 다른 물건에 비해 평범치 않았는지 한 번 살펴보자.

먼저, 경매목적물의 등기사항증명서 갑구를 보자. 일반적인 등기사항증명서 내용들에 비해 다소 특이한 내용을 몇 가지 찾아볼 수 있다. A는 2009. 4. 15. '강제경매'로 부동산의 '지분'을 낙찰 받았다. A는 1918년생이다. 부동산의 지분을 낙찰 받을 당시 이미 90세에 가까운 나이였다. 가등기권자 B는 A가 낙찰받기도 전인 2009. 4. 6. 매매예약을 해두었다. A가 낙찰 받을 걸 어떻게 알고 미리 매매예약을 했을까? 그렇게나 이 지분의 소유권이 탐났다면, 차라리 가등기권자 B 본인이 직접 낙찰 받는 게 낫지 않았을까?

6	2번 나**지분 전부 이전	2009년 4월 15일 제19285호	2009년 4월 15일 강제경매로 인한 매각	공유자 지분 10분의 3 A 180106-******* 서울특별시
7	5번강제경매개시 결정등기말소	2009년 4월 15일 제19285호	2009년 4월 15일 강제경매로 인한 매각	
8	6번A지분전이전 청구권가등기	2009년 4월 21일 제20939호	2009년 4월 6일 매매예약	가등기권자 B 651114-******* 경상북도 영천시
9	3번가처분등기 말소	2009년 8월 31일 제47681호	2009년 8월 24일 해제	

표 1 갑구

6	갑구6번A지분전 부근저당권설정	2009년 4월 21일 제20394호	2009년 4월 9일 설정계약	채권최고액 금 50,000,000원 채무자 A 서울특별시 근저당권자 C 경상북도 영천시
7	갑구6번A지분전 부근저당권설정	2009년 4월 21일 제20395호	2009년 4월 14일 설정계약	채권최고액 금 50,000,000원 채무자 A 서울특별시 근저당권자 C 경상북도 영천시

표 2 을구

근저당권자들은 모두 A가 낙찰 받은 직후 근저당권 설정등기를 했지만, 등기원인을 보면 낙찰로 소유권을 취득한 4. 15.보다 모두 그 이전에 근저당권 설정계약을 해두었다. 이 두 사람과 가등기권자의 주소는 모두 '영천시'라는 공통점이 발견된다. 의뢰인은 이 물건을 낙찰받자마자 B를 상대로 한 가등기 말소 소송을 하였다. 가등기권자 B가 돈을 빌려줘 고령의 A가 낙찰대금을 마련했다고 주장했다. 그런데 추가로 재판 과정에서 계좌 내역을 살펴보니 근저당권을 설정하기로 한 C가 낙찰받기로 한 A에게 약속한 돈을 계좌이체 하면, A는 받은 돈을 출금해 가등기권자 B에게 현금으로 건넸다. B는 A로부터 받은 돈을 다시 A 계좌에 이체해 마치 매매예약금을 지급한 것처럼 보이게 했다.

하나의 돈으로 근저당권 설정등기의 원인이 된 피담보채권과 가등기의 원인이 된 매매예약금도 만들어낸 것인데, 이를 두고 진정한 가등기, 보호할만한 가치 있는 가등기라고 볼 순 없었다. 의뢰인의 승리였다. 소송이 마무리된 이후에는 다른 공유지분권자와 뜻이 맞아 제3자에게 부동산을 매도하는 형태로 수익 창출 계획을 세울 수 있었다. 의뢰인은 선순위 가등기와 지분경매라는 점 때문에 여러 차례 유찰된 지분물건을 시세보다 저렴하게 낙찰받았고, 소송이 마무리된 때 전체 부동산 매도로 낙찰 받은 가격에 딱 3배에 이르는 금액을 정산 받을 수 있었다.

chapter 4

건물주가
땅 쓰는 권리,
법정지상권

법정지상권,
알아야 하는 이유

땅과 건물이 따로 나오는 경매

법에 따르면 땅과 건물이 서로 다른 소유자에게 속할 수 있다. 실생활에서 땅과 건물이 서로 다른 사람에게 팔리는 경우는 흔치 않지만, 소유자 의사와 관계없이 빚쟁이가 신청하는 경매에서 땅 또는 지상 건물이 따로 나오기도 한다. 지상 건물과 별개로 땅만 경매로 나와 다른 사람에게 팔렸고, 건물 소유자가 건물 소유를 위한 땅을 쓸 권리가 없다면, 땅 소유자는 건물 소유자에게 건물을 치워 달라고 청구할 수 있다.

땅 쓸 권리가 필요한 건물주

땅만 경매로 나왔지만 지상 건물이 있다면, 낙찰 이후 지상 건물주에게 나가라고 청구할 수 있는지 아니면 건물주에게 땅세지료만 청구할 수 있는 상황인지 파악해야 한다. 건물주가 토지임차인으로서 낙찰자에게 대항력이 있을 수도 있고, 경매가 종료하면서 법정지상권을 취득할 수도 있다. 이때는 건물주에게 토지에서 나갈 걸 청구하기 어렵고, 땅세지료만 요청할 수 있다. 이 책에서는 주로 문제가 많이 되는 '법정지상권'에 대해서만 살펴본다. 집합건물에서는 '대지권'이 문제되므로, 법정지상권은 땅에 단독주택이나 다가구 단독주택과 같이 등기부가 오로지 딱 하나 있는 건물이 있을 때 성립 여부를 살펴야 한다.

법정지상권 유무와 땅의 가치

건물주에게 법정지상권이 있다면 토지주는 건물이 있는 상태에서 아주 제한적으로 토지를 쓸 수밖에 없다. 사용하는데 한계가 있어 나대지에 비해 가치가 떨어진다. 건물이 있어도 법정지상권이 성립하지 않는다면 토지주는 건물주에게 건물을 철거하고 나가라고 할 수 있으니 나대지가 된 토지를 자기가 원하는 대로 쓸 수 있다. 비교적 가치가 있는 땅으로 평가할 수 있다.

초보자들에게 권하는 법정지상권 기초 사례

임의 경매에서는 일차적으로 민법 제366조 법정지상권이 성립하는지, 강제경매에서는 관습상의 법정지상권이 성립하는지 따져봐야 한다. 다만, 초보자들은 토지만 나온 경매 절차에서, 지상에 신축건물이 있는 사례 위주로 법정지상권 분석을 시작하는 게 좋다. 오래된 건물로 소유자가 여러 번 바뀌었다면 말소기준 권리에 앞서 이미 법정지상권이 성립하였을 수도 있어 권리분석이 쉽지 않다.

법정지상권이란?

지상권의 힘　　　지상권은 타인의 토지에 건물 기타 공작물이나 수목을 소유하기 위해 토지를 사용하는 권리이다. 지상권 취득 방식은 법률행위에 의한 취득^{지상권 설정계약 및 등기} 또는 법률 규정에 따른 취득^{법정지상권}으로 나뉜다. 지상권 등기는 금융기관이 토지에 저당권과 함께 설정했을 때 볼 수 있는데, 대출금 회수 시까지 소유자가 함부로 다른 사람에게 토지를 쓰지 못하도록 해 저당권을 설정한 부동산의 담보가치를 확보하는 데 목적이 있다.

법정지상권의 종류   일정한 조건이 갖추어지면 저절로 발생하도록 법에서 규정한 지상권을 '법정지상권'이라고 한다. 법정지상권은 민법 제366조에 의한 법정지상권과 관습법상 법정지상권 두 개로 나뉜다. 민법 제366조에 의한 법정지상권은 '임의경매'로 지상 건물과 토지의 소유자가 달라질 때 성립한다. 또한, 대법원은 '관습법상의 법정지상권'을 인정하여, 매매·증여·강제경매·국세징수법에 의한 공매 등 기타 적법한 원인으로 토지와 건물의 소유자가 달라질 시 일정한 요건을 충족하면 건물에 법정지상권이 성립하도록 하고 있다.

법정지상권자가 내야 하는 땅세   토지 소유자의 자유로운 사용·수익을 제한하는 만큼, 법정지상권이 있다 하더라도 건물 소유자는 토지 소유자에게 '지료땅세'를 지급해야 한다. 토지 소유자는 법원에 건물 소유자를 상대로 지료청구를 할 수 있다. 지료가 확정판결 전후에 걸쳐 2년분이 미납되면, 토지 소유자는 법정지상권자에게 지상권 소멸청구를 할 수 있다.

법정지상권 수익 창출법   토지만 낙찰 받았고 지상 건물에는 법정지상권이 없다. 토지의 가치를 높이려면 일단 토지를 쓰는 데 방해가 되는 건물을 없애야 한다. 토지 소유자는 무단으로 건물을 소유하며 사용하는 건물주를 상대로 건물을 철거해 깨끗한 상태의 토지를 내놓으라는 취지의 소송을 해야 한다. 이 때, 토지를 사용한 대가(땅세=지료)도 함께 청구한다. 소송에 승소한 토지주 의뢰인들이 택하는 수익 창출법은 크게 다음 두 가지로 나눠진다.

① 헐값에 건물 사들이기

건물을 철거하라는 소송에서 토지주가 승소하면 건물주는 꼼짝없이 건물을 철거해야 한다. 건물주 스스로 건물철거를 하지 않으면, 판결문을 가진 토지주가 법원에 집행을 신청해 건물을 철거해 버릴 수도 있다. 건물을 철거하라는 판결이 있는 이상, 건물주는 토지주보다 협상에서 불리하다. 철거될 건물을 살 사람은 없으므로 이런 점을 이용해 토지주는 건물주에게 건물을 철거당하느니, 차라리 자신에게 파는 게 어떻겠냐고 제안한다. 당연히 건물가격은 시세보다 저렴하게 제시한다. 싼값에 건물을 취득한 다음, 건물과 토지를 제3자에게 제값으로 판다. 건물이 있는 토지는 아무래도 나대지보다는 가치가 떨어지니 낮은 가격에 토지를 낙찰 받고, 건물마저 싸게 산다면 수익은 극대화된다.

건물주와 협상할 기회가 없거나, 건물주가 건물 매도에 응하지 않는다면 또 다른 방법을 쓸 수 있다. 지료 판결문을 근거로 건물주의 부동산을 강제경매에 부친다. 법정지상권이 성립하지 않는 건물에 관심을 가질 사람은 흔치 않다. 토지주는 건물이 유찰되기를 기다렸다 싼 가격에 건물소유권을 취득한다.

② 웃돈 받고 토지 팔기

때로는 건물과 토지에 애착이 강한 건물주도 있다. 이때는 경매에서 받은 가격에 약간의 웃돈을 받고 토지를 팔기도 하는데, 보통은 건물을 헐값에 사들이는 방향이 더욱 수익이 극대화되니, 이 선택을 하는 경우는 드물다.

민법 366조 법정지상권 발생 조건

**가장 앞서는
저당권 설정 시점에
있어야 하는 '건물'**

토지를 담보로 대출해준 은행이 있다. 은행은 돈을 빌려줄 때 땅의 가치를 보고 빌려줄 돈의 액수를 정한다. 돈을 빌려주고 토지에 저당권을 설정할 당시에는 땅이 나대지로 아무것도 없었는데, 그 이후 지상에 10층짜리 건물이 들어섰다. 만약, 건물에 법정지상권이 있어 토지 소유자가 건물철거 청구를 할 수 없다면, 지상 건물 때문에 이용 제한이 큰 토지는 나대지보다 당연히 가치가 떨어진다. 이런 토지를 경매 절차에서 제값 주고 살 사람은 없다. 은행은 건물 신축이라는 저당권 설정 당시 예상치 못한 사정으로 토지를 경매에 넣더라도 대출금 회수가 어려워진다. 따라서 경매 절차에서 말소되는 최선순위 저당권 설정 당시 땅에 건물이 존재하지 않았 다면 그 이후 지상에 건물이 건축되더라도 법정지상권이 성립할 수 없다.

무허가 건물이나 미등기 건물에도 법정지상권은 성립한다. 그 런데 이런 건물들은 '소유자'가 누구인지, '언제' 지어졌는지 알 기가 어렵다. 토지 경매에서 지상에 미등기 건물이 있다면 소유 자가 누구인지를 알아보는 별도의 노력이 필요한데, 건축물대장 상 소유자^{건축주}, 건축허가 당시의 건축주가 누구인지 찾아보는 것 도 한 방법이다. 토지에 저당권이 설정될 당시 토지 소유자에 의 하여 지상 건물이 '건축 중'이었고, 독립된 건물로 볼 수 있을 정 도에 이르지 않았다 하더라도, 건물의 규모나 종류가 외형상 예 측할 수 있는 정도까지 건축이 진전되어 낙찰자가 매각대금을 다 낸 때까지 독립된 부동산으로서의 건물의 요건을 갖추면 법정지 상권은 성립한다.

건물이 완공되었지만, 미등기 상태로 있다가 늦게 등기가 되는 경우도 많다. 건축물대장이나 검색포털^{네이버, 다음 등}을 이용해 건물 이 존재했는지 또 건물이 지어지던 중이었는지를 확인할 필요가 있다. 법정지상권 성립 여부를 등기사항증명서만 보고 단정 지어 서는 안 된다.

저당권 설정 시, 건물과 토지의 소유자가 같을 것

저당권이 설정될 당시 토지와 건물의 소유자가 같았는데, 훗날 임의경매로 인하여 토지나 건물의 소유자가 달라졌을 때 건물을 위한 법정지상권이 성립한다.

건물과 토지 소유자가 저당권 설정 당시 같았는지는 등기사항증명서를 찾아보면 알 수 있다. 다만, 미등기 건물은 소유자를 알기란 쉽지 않으므로 건축물대장을 확인하는 등 별도의 방법으로 소유자를 조사해야 한다.

저당권자가 신청한 경매로 토지와 건물의 소유자가 달라질 것

토지나 건물에 설정된 저당권의 실행으로 인한 '임의경매'에서 토지와 건물의 소유자가 달라진다면, 건물 소유자에게는 민법 제366조의 법정지상권이 성립할 수 있다. 낙찰 받고자 하는 토지가 임의 경매로 나온 것인지는 매각물건명세서 사건번호 칸이나 등기사항증명서 갑구의 경매개시결정등기란을 보면 알 수 있다.

마음대로 포기 못 하는 법정지상권

민법 제366조에 의한 법정지상권은 공익상의 이유로 지상권 설정을 '강제'한다. 법정지상권을 배제 또는 포기하는 약정을 하더라도 이런 약정은 효력이 없다.

관습법상 법정지상권
발생 조건

토지와 건물이 '이 때' 같은 사람 소유일 것

'압류'의 효력이 발생하는 때 토지와 지상 건물이 같은 사람 소유여야 한다. 강제 경매에서 압류의 효력이 발생하는 때는 경매개시결정이 채무자에게 송달된 시기법원문건송달내역상 확인와 경매개시결정등기가 된 시기등기사항증명서상 확인 중 먼저 된 시기이다. 한편, 경매 절차상 말소되는 최선순위 저당권이 따로 존재한다면, 저당권 설정 당시를 기준으로 토지와 지상건물이 같은 사람에게 속하였는지에 따라 관습상 법정지상권 성립여부를 판단해야 한다.

강제경매로 토지와 건물의 소유자가 달라질 것

관습법상 법정지상권은 근저당권의 실행을 위한 경매인 '임의경매'가 아니라 '강제경매' 및 국세징수법에 의한 공매, 매매나 증여, 공유물 분할로 인해 토지와 건물의 소유자가 달라질 때 성립할 수 있다.

포기할 수 있는 관습법상 법정지상권

건물 소유자는 관습법상 법정지상권을 포기할 수 있다. 대표적인 예로는 건물 소유자가 토지 소유자와 건물 철거 특약을 한 때다. 건물 소유자가 스스로 건물을 철거하겠다고 밝혀 이미 성립한 법정지상권을 포기한 때에는 법정지상권이 사라진다. 다만, 이때 철거 특약은 단순히 건물을 철거하겠다는 내용만이 아니라 건물을 철거함으로써 토지의 계속된 사용을 그만두고자 하는 정도에 이르러야 한다. 또 다른 '포기'의 예로는, 토지 소유자와 건물 소유자가 건물 소유를 목적으로 '토지 임대차 계약'을 체결한 때가 있다.

5

땅 주인이 '새로 지은 건물', 법정지상권 어떻게 생길까?

새 건물이 헌 건물 취급 받아야 하는 때 민법은 지상권의 존속기간에 대해 최단기간견고한 건물, 수목: 30년, 그 외 건물: 15년, 건물 외의 공작물: 5년을 제한하고 있다. 당사자 사이에 약정이 있다면 그보다 길게 하는 것도 가능하다.

토지와 지상 건물 중 토지를 담보로 갑돌이가 돈을 빌리고 은행에 근저당권을 설정해줬다. 갑돌이는 대출금으로 낡은 흙집 철거후, 콘크리트 건물을 지었다. 그런데 갑돌이가 돈을 갚지 못해, 은행이 토지에 대한 임의경매를 신청했고, 토지가 다른 사람 소유가 됐다. 갑돌이의 콘크리트 건물에 법정지상권이 성립할 수 있을까? 단순히 흙집이라고 해서 견고한 건물이 아니라고 단정 지을 수는 없지만, 이 사례에서는 일단 견고한 건물이 아니라고 해보자.

은행 입장으로는 토지에 근저당권 설정 당시 갑돌이의 흙집을^{구건물} 기준으로 법정지상권이 성립하더라도 존속 기한이 15년쯤 될 거라고 예상했을 것이다. 갑자기 '콘크리트'로 지은 견고한 건물이 지어졌다고 해서 법정지상권의 존속기간이 30년이라고 해버리면, 땅의 이용 가치, 즉 담보가치가 예상치 못하게 뚝 떨어진다. 따라서 대법원은 구건물 멸실 후 건물이 신축되면, 구 건물 기준으로 법정지상권의 내용이 제한된다고 본다.

새 건물을 빚쟁이에게 추가 담보로 줘야 하는 때

토지와 오래된 건물에 담보를 설정하고 갑돌이가 은행으로부터 돈을 빌렸다. 새 건물 짓기 위한 공사대금을 마련하기 위함이다. 건물이 철거로 멸실 되면, 건물의 등기사항증명서도 사라져 버린다. 물리적으로 존재하지 않는 건물의 등기를 굳이 남겨둘 필요는 없기 때문이다.

이때 은행의 구건물에 대한 근저당권은 같이 없어질 뿐, 신축건물로 근저당권이 저절로 설정되지 않는다. 갑돌이가 신축건물을 은행에 추가 담보로 제공해야 한다. 갑돌이는 애초에 토지와 건물 둘 다 담보로 돈을 빌렸으니, 은행이 대출한 돈의 담보를 제대로 잡고 있으려면 새로운 건물에도 토지와 같은 순위의 근저당권 설정등기를 해야 한다.

문제가 되는 경우는, 새 건물에 집주인이 은행에 토지와 같은 순위의 근저당권을 설정하지 않았을 때다. 땅만 경매로 넘어갔을 때 새 건물에 민법 제366조의 법정지상권이 성립한다면, 땅은 아주 저가에 팔리거나 살 사람이 거의 없을 것이다. 은행의 대출금 회수에 지장이 생긴다. 따라서 대법원은 갑돌이가 은행에 토지와 동 순위의 근저당권을 신축건물에 설정해주지 않는 이상, 신축건물을 위한 법정지상권을 성립하지 않는다고 본다.

[성공 사례]
법정지상권에 꽂힌 의뢰인, 새 건물을 헐값에 사다!

서울의 한 역세권 토지가 경매로 나왔다. 지상에는 10층짜리 신축건물이 있었다. 이 토지를 낙찰 받은 의뢰인은 건물주에게 건물철거, 토지인도, 지료청구 소송을 진행했지만 1심에서 패소한 상태였다. 건물주는 현재 신축건물 자리의 토지와 낡은 건물을 사들였다. 사들이면서 A 새마을금고로부터 대출받았다. 토지와 낡은 건물을 모두 담보로 제공했다. A 새마을금고는 1순위로 낡은 건물과 토지에 각각 근저당권을 설정해둔 상태였다. 건물주는 낡은 건물을 철거해 등기가 사라졌고, A 새마을금고의 낡은 건물에 대한 근저당권 설정등기는 없어졌다. 토지 지상에는 10층짜리 건물이 들어섰다. 고층 빌딩이 들어선 토지'만'의 가격은 아무래도 떨어질 수밖에 없다. 고층 빌딩에 법정지상권이 성립하게 된다면 토지는 독립된 활용이 수십 년간 어려워지니 더욱 가치가 떨어진다. 땅만 경매로 넘어가면 A 새마을금고의 대출금 전액 회수는 어려워질 가능성이 매우 높다.

경매는 토지만 나왔는데, 건물주는 다른 지인에게 건물에 대한 근저당권을 설정해주느라 A 새마을금고에게 신축건물에 대한 토지와 동 순위의 근저당권을 설정해주지 못했다. 이 때는 토지와 신축건물에 동순위의 근저당권이 없으니, A 새마을금고의 예기치 못한 손해를 덜어주고, 낙찰 받을 응찰자들의 법정지상권 성립 여부에 대한 객관적 정보 파악을 위해 신축건물에는 법정지상권이 성립하지 않는다고 보는 것이 맞다.

그런데 예기치 않게 1심에서 건물주를 상대로 한 건물철거 및 토지 인도·지료 청구 소송에서 패소했다. 건물주가 신축건물에 토지와 같은 순위의 근저당권을 설정해주기 어려워지자, 본인 소유의 다른 건물과 토지에 담보를 설정해주어 A 새마을금고가 대출금 대비 충분한 담보를 얻었다는 이유였다. A 새마을금고로서는 다른 담보를 확보해 대출금 전액 회수가 가능해졌지만, 문제는 의뢰인과 같은 응찰자였다. 법정지상권 파악을 위해 응찰자는 경매 물건인 토지와 기껏해야 지상 건물의 등기사항증명서만 볼 수 있을 뿐, 건물 주인이 가진 다른 부동산에 은행이 손해 안 볼 정도로 담보가 설정되어 있는지는 도무지 파악할 수가 없다.

경매 절차는 응찰자 모두에게 공정한 경쟁이어야 한다. 1심 판결 이유는 법정지상권 파악에 있어 중요한 당사자 중 하나인 응찰자를 고려하지 않은 것이다. 이 점을 지적해 항소심은 신축건물에 법정지상권이 성립하지 않는다고 판단했다. 의뢰인은 몇 달 뒤 필자에게 문자를 보내왔다. 건물주로부터 신축건물을 싸게 사들이는 데 성공했다는 말과 함께, 이러한 성공 사례를 널리 알려도 좋다는 연락이었다.